하와이 한인 법률가의 정체성과 다양성

이 저서는 2016년도 대한민국 교육부와 한국학중앙연구원(한국학진흥사업단)의 해외한인연구사업의 지원을 받아 수행된 연구임(AKS-2016-SRK-1230005)

하와이 한인 법률가의 정체성과 다양성

이재협 지음

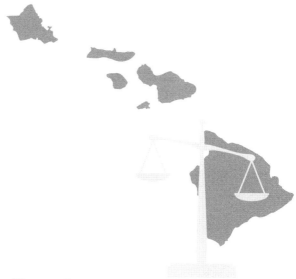

IB 인터북스

머리말

올해는 미국으로의 한국이민이 시작된 지 120년이 되는 뜻깊은 해이다. 사탕수수 농장의 노동자와 가족으로 구성된 초기 이민자들의 후손들은 수세대에 걸쳐 하와이 사회의 곳곳에 뚜렷한 발자취를 남겨 왔다. 하와이 한국이민 사회는 대한제국, 일제강점기, 대한민국의 수립, 한국전쟁 등 한국의 현대사와 밀접하게 연관되어 있다. 그뿐만 아니라 하와이 한인들은 하와이 왕국의 흥망, 대규모 농장경제의 지배, 미국에의 영토합병 및 주 편입과 같은 일련의 과정에서 미국의 본토 지역에서와는 다른 역사적 체험을 하였다. 이렇듯 특별한 하와이 한국이민의 여정에 대해서는 그동안 사료와 구술사 방법에 따라 많은 연구가 이루어져 왔다.

나는 그동안 여러 차례 하와이를 방문하면서 하와이 한인 법조계 인사들과 교류할 기회가 있었다. 하와이 대학 로스쿨에서 방문학자로 첫 연구년을 보냈던 2006년에는 미국 배심제의 문화적 의의를 규명하고자 하는 연구 주제로 여러 차례 배심재판을 참관하였다. 그때 처음으로 만난 하와이주 대법원의 故 문대양 대법원장은 나에게 깊은 인상을 주었다. 미국의 50개 주를 통틀어 주 최고법원의 수장으로 사법부를 이끄는 한국계 판사는 문 대법원장이 최초이자 유일했다. 이민 3세인 그는 한국어를 거의 하지 못했지만, 이민 선조들에 대한 존경과 한국인으로서의 자부심은 남달랐다. 하와이 법조계와 공직사회에서 폭넓은 지지를 받아 하와이 주류사회의 일원으로 우뚝 서 있었지만, 그의 삶 속에는 이민자로서의 정체성이 뿌리 깊게 자리 잡고 있었다. 이민의 역사가 오래되다 보니 하와이에는 법조계에서 두각을 나타낸 한인 법률가들이 적지 않았고, 소수민족 출신으로 전문직에서 성공한 그들의 삶과 활동에 대해 나는 호기심이 생기게 되었다.

그러던 차에 차세대 한인사회를 연구하는 인류학자들과 협업할 기회가 생겨 하와이의 법조계를 연구 대상으로 본격적인 현지 조사를 하게 되었다. 당시 연구진이 큰 관심을 두고 포착하고자 했던 주제는 한국과 미국을 넘나드는 초국가적 관계 형성과 활동이었지만, 나는 그보다는 하와이에서의 한인 법조 직역의 형성과 내부적 다양성에 대해 있는 그대로 기술하고자 하였다. 무엇보다 재미 한인 전문직, 특히 법조 직역에 관한 연구가 거의 없었기 때문에 그 자체만으로도 의미가 있다고 생각했다. 또 다른 이유로는 미국의 소수인종 혹은 소수민족 법률가 연구에서 제시되는 문제들을 하와이 한인 법조 직역 사례를 통해 조명해 보면 동질성과 이질성이 동시에 나타났기 때문이다. 하와이 한인 법률가들의 정체성에는 직업 정체성과 종족 정체성뿐 아니라 로컬로서의 정체성이 긴장 관계 속에서 상호작용하고 있다. 하와이 법률가들의 이러한 독특한 측면은 현재 재미 한인사회의 지역적, 직업적 다양성을 잘 나타내주는 것으로 생각된다.

이 책에서는 면접과 관찰을 통해 하와이 한인 법률가들의 교육 및 직업 활동, 정체성 인식, 타 인종 혹은 타 종족 간의 관계, 주류사회 및 교민사회와의 관계를 살펴보았다. 분석이 치밀하지 않고 밋밋하게 기술된 점은 못내 아쉬운 점이나, 그것을 보완하는 작업은 후속 연구과제로 남기고자 한다.

본 연구를 위해 면접했던 법률가는(로스쿨생 포함) 모두 32명에 달하는데, 그들은 이민 1세부터 3세에 걸쳐 있는 다양한 직업을 가진 사람들이다. 이들을 섭외하는데 많은 분이 도움을 주셨다. 하와이 한국이민연구소의 이덕희 소장님, 한국학연구소장이신 백태웅 하와이대 로스쿨 교수님, 하와이 한인회장이신 서대영 변호사님, 그리고 하와이 한인변호사협회의 아만다 장, 존 리 변호사님께 특별히 감사의 말씀을 전한다.

2023. 5.

관악에서 이재협 씀.

목차

제 1 장

들어가며

한 연구에 따르면 미국인들이 선망하는 전문직종으로 의사, 변호사, 컴퓨터공학자, 교수가 상위 순위에 위치하고 있다(Nance and Madsen 2014). 이러한 전문직들은 경제적으로나 사회적으로 높은 수준의 보상이 주어지고, 사회에 따라 정도의 차이는 있으나 직업의 사회적 위세, 영향력 등에서 높은 위치를 점하고 있다. 이민 사회에서도 부모들은 자녀가 전문직 직업을 가짐으로써 미국의 주류사회에 진출하기를 바란다. 실제로 이민사회의 2세, 3세 후손들이 각종 공직과 전문분야에 진출하는 사례는 해당 사회 내에서 이민집단의 영향력이 늘어나고 있는 지표로 사용되곤 한다. 종종 전문직은 소수자적 지위에 있는 사람들에게 그 소수성을 상쇄할 수 있게 하는 자산이기도 하고, 소수자들은 전문직 진출을 통해 인종적 위계질서 내에서 신분 상승을 할 수 있을 것이라는 기대를 하게 된다.

　　이민의 역사가 120년이 넘은 재미 한인사회에서도 차세대 한인들의 전문직 진출은 눈에 띄게 증가하였다. 반면 전문직으로 진출한 재미 한인에 대한 연구는 그동안 활발하게 이루어지지 않았다. 인류학 내에서도 지위가 높고 영향력을 가진 조직체와 관련 기구를 연구대상으로 삼는 소위 '상층부 연구studying up'가 필요하다는 점이 지적되어 왔는데(Nader 1969), 전문직 연구는 그러한 상층부 연구에 해당한다고 말할 수 있다.

그동안 학자들은 의사, 건축가, 엔지니어 등과 같은 전문직의 비교를 통해 일반적 이론을 도출하려는 시도를 해왔다(Macdonald 1995). 전문직의 주된 특징으로는 전문성, 독립성, 자율성이 지적되었다. 전문직은 신분과 계급이 아닌, 특정 서비스에 대한 독점적 지배력을 형성하면서 등장한 직역이다. 전문직에 진입하기 위해서는 일정한 훈련과 전문적 지식의 습득이 필요하고, 전문직 업무는 전문직 종사자 개인 혹은 전문직인들로 구성된 조직에 의해 자율적으로 업무가 통제된다.

전문직에 관한 이론적 시각으로는 일반적으로 과정접근법, 구조기능접근법, 권력접근법이 제시되고 있다. 과정접근법은 하나의 직업이 전문직으로 변화되는 전문직의 형성과정을 규명하였고, 구조기능접근법은 기능주의적 관점을 바탕으로 전문직의 속성을 규명하는데 기여하였다. 권력접근법은 권력 개념을 중심으로 하여 전문직의 역동적인 변화 측면을 파악하였다(전병재·안계춘·박종연 1995). 그러나 이 세 가지 접근법 모두 연구대상인 전문직이 하나의 집단으로 다루어져 직업구조 내에서의 위치나 인식 등에 관한 연구가 주를 이루고 있다. 전문직 내부의 구성변화와 분화의 영향과 의미에 관해서는 상대적으로 연구된 바는 많지 않다. 특히 소수자, 이민자 출신 전문직에 대한 질적인 분석은 미흡한 수준이다.

아시아계 전문직 종사자들의 수기에 나타난 전문직인의 일상생활 속에서 인종, 종족성이 개입되는 모습을 보면, 대체적으로 소수민족

전문직인들은 주류사회로 동화되는 측면이 강하지만, 개인의 삶 속에서 다양하게 종족성이 발현되고 있음을 볼 수 있다(Min and Kim 2000). 아시아계 미국인들이 완전한 미국 시민이 아닌 이방인으로 비추어지는 일반인의 인식은 그들의 종족적, 인종적 정체성에 가장 큰 영향을 미치고 있다. 재미한인 의사에 관한 한 연구에 따르면 의료직역에서 이민 온 의사들이 대개 주변적 분야에 취업하고 있음을 보여준다. 성공한 전문직으로서의 대중적 이미지와는 달리 이민 출신의 전문인들은 비전문직 노동시장에서의 이민 노동자가 주변화되는 것과 마찬가지로 전문직 노동시장에서 주변화되고 있었다(Shin and Chang 1988). 이렇듯 소수민족 출신 전문인들의 '주류 속의 주변인margins in the mainstream'적 단면에 관해서는 그동안 여러 차례 사례가 보고되어 왔다.

그러나 다른 한편으로 전문직인들은 그들의 우세한 계급적 자원 때문에 모국방문 혹은 다양한 문화행사에 용이하게 참여함으로써 종족 문화를 유지하고 있기도 하다. 동시에 전문직 종사자들은 높은 사회경제적인 지위 때문에 종족적 지표를 자신 있게 내세울 수 있다. 다시 말하면 전문직의 특권적 계급지위는 소수자 혹은 이방인으로서의 인종화를 축소한다. 물론 그들의 계급적 지위가 인종적 차이의 인식 자체를 없애는 것은 아니지만 적어도 일상생활에서 상대적으로 인종이 덜 중요시되게끔 작용할 수 있는 것이다. 또한 고학력의 전문직들은 다른 사람들보다 다민족간의 결혼을 할 가능성이 높다. 이러한 점들을 모두 고려한다면, 많은 아시아계 미국인 전문인들은 이중문화적bicultural 정체성을 갖고 있다는 점을 쉽사리 파악할 수 있다.

하와이는 토착왕조(하와이 왕국)의 멸망으로 1900년에 미국 영토에 편입되고 1959년에 미국의 50번째 주로 승격되었던 역사적 경험과 인구구성, 민족(이민자) 집단 간의 관계 등의 측면에서 볼 때 미국 본토와는 확연히 다른 특성을 갖고 있다. 이곳은 미국으로의 한국이민이 시작된 곳이고, 여기에서 초기 한인 이민사회가 형성되고 발전하면서 하와이 주가 미국사회에서 가장 다인종적이고 다문화적인 정체성을 갖는데 공헌하기도 하였다. 아울러 하와이 이민사회는 일제강점기, 대한민국의 수립, 한국전쟁 등 한국의 현대사와 밀접한 연관을 가지면서 발전하여 왔다. 한국이민사에 있어서 하와이가 갖는 이와 같은 특수한 지위와 의의 때문에 이 지역에서의 재미한인에 대해서는 사료와 구술사 방법에 기초한 역사적 연구가 많이 이루어져 왔다.

긴 역사를 가지고 있는 하와이의 재미한인사회는 이제 5대~6대에까지 이르렀다. 초기 이민의 후세들은 주정부의 고위관리직, 법조계, 민간업체의 중역으로 진출해있다. 한국계뿐 아니라 하와이의 공적 영역에서 아시아계 미국인의 영향은 지대하다. 중국 이민사회나 일본 이민사회는 이곳에서 우리보다 훨씬 먼저 발전되었을 뿐 아니라 최근에는 하와이와의 지리적 근접성 때문에 아시아로부터의 무역, 투자, 관광, 문화 분야에서의 수입과 협력이 증대하고 있다. 이러한 사회적 변화는 한인 2세들의 정체성 형성과 한인 커뮤니티와의 상호작용, 모국에의 관심 등 초국가적 관계와 활동에 관한 측면을 살펴보는데 하와이가 매우 적절한 현장임을 보여주고 있다.

하와이 한인 법조계에 대한 연구에 있어서 이 책에서 주목한 것은 법률가들의 활동에 있어서 여러 가지 정체성이 어떻게 결부되며

작용하는가이다. 특히 하와이라는 미국에서도 독특한 역사적, 지리적 환경 속에서 직업정체성과 종족정체성의 관계에 관해 살펴보고자 하였다. 그러한 모습을 살펴보는데 있어 유용한 시사점을 던져주는 상업영화로는 〈디센턴드The descendnats〉가 있다.

영화 〈디센턴트〉는 주인공인 맷 킹matt King을 통해 하와이에 거주하는 로컬 상류층의 모습을 보여준다. 이 영화는 아내가 보트사고로 혼수상태에 빠진 하와이의 한 변호사가 그동안 바쁜 일로 관계가 소원했던 두 딸과의 소통을 통해 관계회복을 하게 되는 이야기를 다루고 있다.[1] 그는 백인과 하와이 원주민 왕족의 후손으로 태어난 혼혈로 카우아이Kauai섬 해안에 2만5천 헥타르에 이르는 넓은 땅을 선조로부터 물려받아 소유하고 있다. 킹의 고조할아버지는 1860년대 하와이 왕국의 공주와 결혼한 백인 은행가이고, 이들 부부는 이 땅을 포함한 그들의 재산을 후손들을 위해 신탁을 설정하였다. 맷 킹은 신탁의 수익자 중 한 사람이며 동시에 단독 수탁자sole trustee인데, 영구구속금지의 원칙Rule Against Perpetuities 때문에 신탁의 한도가 도래하는 7년 안에 재산을 처분해야 한다.[2] 카우아이섬의 아름다운 해변을 바라보는 이 거대한 면적의 땅을 사려고 하는 구매자들은 여럿 있었는데, 그들은 모두 이 땅을 관광지로 개발하고자 하였고, 신탁의 공동수익자인 맷의 친척들은 모두 팔기를 원했다. 맷은 결국 심사숙고 끝에 땅을 처분하지 않기로 한다. 왜냐하면 그와 그 친척

---

[1] 이 영화는 동명의 원작소설에 기반하였는데, 저자인 카우이 하트 게밍스(Kaui Hart Gemmings) 자신도 하와이에서 자라난, 하와이 원주민과 영국인 선교사의 후손이다.

[2] 영구구속금지의 원칙(Rule Against Perpetuities)은 신탁설정 당시 현존했던 사람의 일생 동안 및 그의 사후 21년을 한도로 신탁이 유효하고, 그것을 초과하는 장기간의 신탁은 허용되지 않는다는 미국 재산법상의 원칙을 말한다.

들은 조상으로부터 물려받은 그 막대한 이익을 아무런 노력 없이 공짜로 향유할 자격이 없고, 그들 역시 좋든 싫든 하와이의 한 부분이며, 조상들이 물려준 하와이라는 낙원을 보호할 책임kuleana이 있다고 생각했기 때문이다.

이 영화는 하와이의 한인 변호사 집단을 연구하는데 흥미 있는 시사점을 던져주고 있다. 즉 초창기 하와이 상류층 계급으로 진출한 법률가 직군이 어떻게 형성되었는지, 그들이 하와이의 역사적 변천 속에서 어떤 역할을 수행했고 뿌리내렸는지, 그들의 정체성 속에 "하와이"라는 개념이 어떻게 이해되고 있는지를 보인다. 아울러 법에는 어떻게 투영되고 있는지, 하와이의 법 실무는 어떠한 독특한 지방적 특성을 띠는지를 살펴볼 수 있다.

다인종적인 하와이의 경험이 예외적이고 특수해서 인종이나 종족성 문제를 다루는 데 적합하지 않다고 생각될 수도 있다. 그러나 하와이의 종족성과 종족 관계에 대한 연구는 특히 아시아계 미국인에 대한 인종과 종족성에 대한 비교연구에 기여할 것이다. 하와이에는 일본계, 오키나와계, 필리핀계, 중국계, 한국계, 베트남계 등 다양한 아시아계 미국인들로 구성되어 있다. 태평양 군도 출신은 하와이 전체인구의 25%에 달한다. 따라서 이들 간의 다양한 경험과 상호관계에 관한 복잡한 양상을 살펴볼 수 있는 연구의 장을 제공해 준다. 아시아계 미국인이라는 일반화된 정의 내에서 포괄할 수 없는 다양성과 이질성이 발견될 수 있는 지역이다. 더군다나 이들 중 몇몇 그룹은 본토와는 달리 하와이 사회 내에서 정치경제적인 주류를 형성하고 있다. 종족성이 그러한 사회문화적인 이질성을 유지하는데 큰 영향을 주고 있다(Okamura 2008: 17).

이 책은 이러한 문제의식에 기초하여 하와이 법조사회에 대한 민족지적 기술을 하고자 한다. 제2장에서는 법조직역에 관한 법조윤리, 법사회학, 법인류학에서의 경험연구를 살펴본다. 특히 법조직역 정체성과 종족 정체성에 관한 이론 및 선행연구들을 살펴봄으로써 한인 법조집단 연구의 분석 프레임워크를 도출하고자 한다. 제3장에서는 하와이의 이민역사를 개관하고 이를 통해 구성된 하와이의 인종적, 종족적 특징들에 대해 살펴본다. 미국이민이 처음으로 시작된 하와이에서 교민사회가 어떠한 역사적 과정을 통해 형성되었는지, 몇 차례의 이민단계를 통해 유입된 교민사회의 분화과정, 현황에 대한 분석이 이루어졌다. 제4장에서는 하와이의 인종 및 종족구성에 주목하고 특히 로컬 아이덴티티와 종족성의 형성과 상호관계에 대해 살펴보았다. 제5장에서는 하와이 한인사회에서 어떻게 법조직역으로 진출하게 되었는지 초창기 대표적 변호사들의 면면을 살피고 현재 한인 법조계에서 활발히 활동 중인 젊은 변호사들의 현황에 대해 기술하였다. 제6장에서는 법률전문가로서의 정체성 형성과 관련된 논의들을 교육훈련, 업무환경의 맥락에서 살펴보고 전문직의 직업정체성과 소수정체성이 어떻게 교섭, 상충하는지에 대한 내용을 검토하였다.

제2장

선행연구와 이론적 리뷰

이 장에서는 재미한인 연구에서 상대적으로 덜 연구된 대상인 전문직 중 법률가 집단에 관한 연구와 관련된 이론과 연구사례들을 검토하고자 한다. 재미한인 법조직역은 재미한인 연구에서도 연구가 덜 되었을 뿐 아니라 법사회학 분야에서도 소수종족 출신 법률가에 대한 연구가 축적되지 않았다는 점에서 가치가 있다. 특히 법률전문가로서의 정체성 형성과 관련된 논의들을 교육훈련, 업무환경의 맥락에서 살펴보고, 전문직의 직업정체성과 소수민족의 종족정체성이 어떻게 교섭, 상충하는지에 대한 내용을 검토하고자 한다.

① 변호사연구와 직역구조

1) 법조직역의 구조

법학의 한 분과인 법조윤리 분야에서는 법률가의 행위와 현상을 기술하는 연구들이 있어왔다. 대개의 경우 법률가 현황에 관한 기초 통계자료나 일화적 사건을 중심으로 주로 양적 방법에 의한 분석이

주를 이룬다. 미국의 법률가에 관한 경험적 연구들은 주로 법사회학자들에 의해 이루어져 왔다. 반면 관찰과 심층면접 등 질적 방법에 의해 이루어진 연구는 매우 드물었다. 그것은 연구대상인 법률가를 접근하기가 쉽지 않고, 직무상 알게 된 의뢰인의 정보에 대해 비밀유지 및 이해충돌 방지의무 때문에 법률사무소 등에서 오랫동안 머물며 관찰하기 힘든 방법론상의 난점 때문이었다. 뉴욕의 투자은행을 분석한 캐런 호도 실제 투자은행에 고용되어 활동하였던 경험을 바탕으로 연구했듯이(Ho 2009), 법률사무소에서의 현지조사를 위해서는 해당 기관에 취업하는 방법 이외에는 별로 없었다(Pierce 1996).

변호사에 관한 초창기 질적 연구로는 스미겔(Smigel 1964)과 칼린(Carlin 1962)이 있다. 대형 로펌과 소형 로펌과 같은 근무지의 차이에 따른 구분은 이러한 초창기 연구들에서 매우 중요하게 간주되었다. 스미겔의 연구에 의하면 월스트리트 로펌의 파트너 변호사들은 반 이상이 사립 고등학교 출신이며 70% 이상이 하버드, 예일, 콜롬비아 등 엘리트 로스쿨을 졸업하였다. 그들은 대개 '유쾌한 성격'과 '깔끔한' 외모, '올바른' 사회적 배경을 가진 백인 남성 앵글로색슨 개신교WASP이었다. 이 시기에 로펌에 고용된 여성 변호사는 거의 존재하지 않고, 그들은 종교, 인종, 종족성의 측면에서 매우 동질적이다. 스미겔은 1년 반 동안 연구 대상 로펌 변호사들을 면접하는 동안 대형 로펌에 고용된 흑인은 단 3명에 불과했다고 보고했다.

반면 칼린은 시카고의 단독개업 변호사 83명을 면접하였는데, 그의 연구대상자들은 대부분 야간 로스쿨을 졸업하고 변호사 시험에 여러 차례 응시한 끝에 합격하였고 선배 변호사에게 도제교육을 받으면서 실무를 익혔다(Carlin 1962). 즉 변호사 시장은 높은 평판과

고소득을 올리는 대형 로펌의 기업변호사인 "월스트리트" 변호사와 하루하루 생존이 급한 생계형 "메인스트리트" 변호사로 양분되어 있다는 것이다.

하인즈(Heinz 1983, 2005)는 시카고의 다양한 변호사들을 표본조사하고 심층 면접하여 미국 변호사 집단의 단면을 가장 총체적으로 잘 보여주었고, 또한 20여 년간 이들을 추적 조사하여 변호사 전문직의 변화양상을 기록하였다. 변호사들과 의뢰인들의 사회조직, 계층화 등에 대한 그의 모델은 수많은 관련 연구를 태동시켰다. 그의 연구의 가장 중요한 부분은 법률 사무의 성질이 법 영역에 따라 이루어지는 것이 아니라 변호사 - 의뢰인 간의 관계에 따라 결정된다는 것이다. 하인즈의 연구는 또한 미국 법률직역 내에 성별, 인종, 근무지에 따른 계층화가 뚜렷이 지속적으로 나타나고 있음을 보여주고 있다. 그러한 직역 내의 구조적 차별화는 의뢰인 형태에 따라 이루어지고 있다. 개인을 상대로 하는 법률가들에 비해 기업 자문을 하는 법률가들이 법률직역 내에서 사회적 배경, 가치, 명성 등에 비추어 볼 때 우월한 구조적 지위를 가지고 있다는 것이다. 미국의 법률직역은 개인에 법률서비스를 제공하는 집단과 기업 자문을 주로 하는 집단으로 양분되고 이들 사이에 거의 이동이 일어나지 않는다는 것이 특징이다. 전국 단위의 샘플에 따른 최근 연구에서도 경력 현황은 그들의 사회적 계층에 따라 달라진다고 보고되었다(Dinovitzer 2011). 즉 사회경제적 출신 계층에 따라 출신 로스쿨이 달라지고, 졸업 후 근무지의 크기와 형태가 달라지며, 대기업 고객을 둔 대형 로펌 변호사들이 다른 변호사들보다 변호사 사회에서 높게 평가받는 위계적 직역구조가 형성된다는 것이다.

법률시장에서의 경쟁이 치열해지고 로펌 문화가 법률직역의 주류로 자리잡게 되면서 직역구조 내에서의 분화가 심화되었다. 콘리(Conley 2004)의 설문과 면접결과에 의하면 변호사들이 과거보다 훨씬 업무시간이 많고 생활에 불만족스러워하고, 업무 스트레스 때문에 정신적으로 건강하지 않다고 한다. 콘리가 보여주는 법률가들의 삶은 스미겔의 연구에서와 같은 긍정적인 모습이 아니다. 대다수의 변호사들은 삶의 질이 저하된 것을 가장 큰 문제로 인식하고 있다. 또한 그러한 압박이 여성에게 더 크게 작용한다고 보았다.

2) 법조직역의 내적 구성 및 분화

미국의 법률시장은 양적으로 급속한 성장을 해 왔다. 전미변호사협회American Bar Association: ABA의 자료에 따르면 1950년부터 2019년까지 약 70년 동안 미국의 변호사 수는 6배가량 증가하였다(ABA 2019). 자연히 법률가 집단의 성별, 인종, 종족성 차원에서 다양성이 신장되었지만, 다른 전문직에 비해 인종적 다양성이 부족하다고 평가된다. 건축가의 81%, 회계사의 78%, 의사의 72%가 백인인 반면, 전체 변호사의 88%가 백인이다(Rhode 2015). 흑인, 라틴계, 아시아계 및 아메리칸 인디언계는 미국 인구의 1/3을 차지하고 로스쿨생 중 1/5에 해당하지만, 7%만이 로펌에서 파트너 변호사가 되고 9%만이 기업 법무실에 근무하고 있다(Rhode 2015).

전반적으로 변호사협회는 여성, 유색인종(특히 흑인 및 히스패닉) 변호사가 전체 인구구성 비율과 비교해 볼 때 통계적으로 너무 적다고 보고하고 있다. 아울러 그러한 인종적, 종족적 소수민족 법률가들의 연봉이 전체 법률가 평균보다 낮고, 이들이 사적 부문(로펌, 사내변호사)보다는 공적 부문에서 근무하는 비율이 높으며, 판사 등 공직 분야로의 진출이 상대적으로 저조하다고 한다. 또한 근무지에서 차별을 받은 경험이 있으며 근무 만족도도 상대적으로 낮게 나타난다고 한다.

미국 법조직역연구연합National Association for Law Placement과 미국변호사재단American Bar Foundation이 수행한 「로스쿨 졸업 이후」 After the JD(이하 'AJD') 연구는 2000년 로스쿨을 졸업한 5,000여 명의 법률가들을 10년 동안 추적 조사하였다. 경력 2년~3년차 초임 법률가들의 인구학적 구성, 근무지, 근무환경, 급여, 만족도, 이직, 성차 및 인종차에 따른 영향, 로스쿨 경험과의 관련성 등을 다각도로 분석하고, 그 후 매 5년마다 이에 대한 비교를 통해 법조직역의 양태와 변화를 살펴보았다. 가장 최근의 조사결과를 보면, 법률가의 직업 만족도는 지난 10년 동안 변함없이 높은 편이었다. 시카고 법률가 연구와는 달리 AJD 조사결과는 같은 직장형태 내 혹은 다른 직장형태 간의 이직이 활발한 것으로 나타났다.

성별에 따른 취업직역의 차이는 전반적으로 크게 두드러지지 않았다. 다만 남성의 경우 단독개업, 여성의 경우 공익 부문 취직자 수가 상대적으로 높은 편이었다. 반면 남성에 비해 여성 법률가들이 임금과 승진기회에 있어 나타나는 격차가 심화되었다고 보고되었다. 이러한 차이를 가져오는 이유로 로펌 내의 멘토쉽의 부재가 지적되었는데, 멘토가 있는 남성의 경우 소득이 높고 만족도가 높으며 직무환경에 대해 공정하게 평가했다(Kay and Wallace 2009). 또한 인종에 따라 근무지, 만족도, 임금상승 비율 등이 다르게 나타나 법률직역 내에 형성된 계층화를 시사하고 있다. 인종에 따른 취업직역의 차이는 전반적으로 크게 두드러지지 않았다. 그러나 소수인종의 경우 정부, 공익 부문 취직자 수가 상대적으로 높았다. 로펌 내 파트너 변호사partner, 소속 변호사associate 및 전체 변호사의 여성과 소수인종, 소수인종 여성의 비율은 증가 추세에 있다. 그러나 파트너 변호사 중 소수인종의 비율이 소속 변호사에 비해 현저히 낮았다. 이 점은 로펌 내의 승진에 있어 소수인종 변호사들에 대한 '유리천장'이 존재함을 시사한다. 다만 로펌 내 파트너 변호사 및 소속 변호사 인구구성에서 아시아계의 비율이 가장 높게 나타났다.

법률직역에서 여전히 존재하는 인종에 따른 취업달성도의 차이는 여러 연구에서 나타난 바 있다(Payne-Pikus et. al. 2010). 인종에 따른 이러한 차이는 사회적 자본의 차이로 설명되기도 한다. 백인들에 비해 흑인들은 사회적 자본이 적고, 사회적 연결망을 통한 자원이 부족하다. 사회적 자본이 집단 내의 특성인가 아니면 집단 사이를 연결하는 네트워크인가에 따라 결속적 사회적 자본bonding social capital과 교량적 사회적 자본bridging social capital으로 구분되는데(Woolcock 1998), 흑인사회는 양자 모두 부족하다고 여겨진다. 케빈 우드슨은 변호사들이 로펌에서 어떤 종류의 업무를 맡게 되는지, 그리고 그러한 업무가 변호사의 전문성과 역량을 어떻게 구축하게 만드는지에 주목하였다. 우드슨의 연구에 따르면 아프리카계 미국인 변호사들은 양질의 업무를 맡지 못하거나 주요 선임 파트너의 멘토십을 받지 못해 대형 로펌에서 성공의 사다리를 올라가지 못한다고 보았다(Woodson 2016). 마찬가지로 윌킨스는 흑인 변호사들이 엘리트 네트워크의 부재로 법률직역 내에서 불리하다고 주장한다(Wilkins and

Gulati 1996). 흑인 변호사들이 로펌의 파트너가 될 가능성은 낮고 (Wilkins 1998) 사적 부문이 아닌 분야에서 첫 번째 직장을 가질 가능성이 높기 때문에 상대적으로 수입이 적은 분야에 진출한다 할 수 있다(Kornhauser and Revesz 1995). 파트너가 된다 해도 소규모 로펌에 서이고 권한도 그리 크지 않은 직책을 부여받으며, 그나마도 오래지 않아 퇴사할 가능성이 높다(Wilkins 1998). 로펌에서의 상대적으로 낮은 고용유지율을 보면 유색인종 변호사들이 자신의 능력에 대해 덜 자신감을 갖는 것으로 해석된다(Payne-Pikus et al. 2010; Tomlinson et al 2013; Wilkins and Gulati 1996). 톰리슨 외(Tomlison et al. 2013)는 법률직에서의 소수민족 법률가들이 법률직역 내 주류인 대형로펌에서 활동하지 못하고 대안적 환경에서 활동한다고 보았다.

② 직업정체성과 종족정체성

법률가의 직업정체성을 찾아볼 수 있는 공식적 영역은 직업윤리이고, 법조윤리는 법학 내에서 하나의 확립된 분과로 다루어지고 있다. 미국변호사 윤리규범의 목표는 이상적인 법률가가 되기 위해 필요한 덕목과 행동준칙을 제시하는 것이 아니다. 오히려 최소한의 행동기준을 소극적으로 제시하는 것이 일차적 목표이다. 즉, 법률가로서 사회적 역할을 하기 위해서 반드시 지켜야 할 최저기준을 설정하고 어떤 법률가도 그 이하의 행동을 하지 않도록 규율하려는 것이 법률가직업 윤리이다(김재원 2007). 이러한 목표를 위해 미국의 주변호사회와 전미변호사협회ABA는 각자 혹은 공동으로 최소한의 행동준칙을 정립해 왔다. 윤리규범은 법률가 모두에게 공통적으로 적용되는 것으로, 모든 법률가들은 이러한 최소한의 행동준칙에 부합하는 역할을 수행하도록 요구되었다. 법률가에게 요구되는 덕목에는 '공평성' '중립성' '예측가능성' 등이 있는데, 전문직인으로서의 정체성 형성에 인종, 종족, 종교 등의 요소는 개입되지 않고, 개입되어서는 안 되는 것으로 간주되었다. 또한 합리성, 중립성, 능력중심주와 같은 가치들을 불편부당한 변호사가 갖추어야 할 덕목으로 보고, 객관적 합리성이 개인적 편견을 극복할 수 있을 것이라 본다. 법률가의 정체성에 대해 이러한 주류적 입장이 내포하고 있는 백인 남성중심적인 측면은 그동안 많은 학자들이 비판해온 바 있다(Wilkins 1998; Pearce 2005). 이들은 변호사의 전문직인으로서의 정체성은 인종 및 다른 개인적 구성요소로부터 자유롭다는 지배적인 견해에 도전하면서 특히 정체성 형성 및 업무수행에 있어서 인종의 중심적 역할을 강조하였다.

법률전문직의 정체성을 형성하는 맥락은 크게 교육과 훈련, 업무수행으로 구분할 수 있다.

1) 교육과 훈련

(1) 비판적 인종이론

교육체계의 딜레마는 계층 간의 교육수준의 간극이 커질수록, 교육 이외의 부분에서도 그 간극이 더 커진다는 점이다. 나아가, 조직이 커질수록, 계층의 간극 또한 커진다. 여러 기사와 책들이 이러한 현상을 빗대어 학생 개개인의 학부부터 최종 취업까지의 여정을 강

또는 파이프라인 등으로 묘사하였으나, 어떠한 비유가 사용되던 간에 결론은 법학계의 구성은 다양하지 않아 왔으며, 그 안에는 "외부자"와 "내부자"가 존재해 왔고, 그 특유의 경쟁적 문화는 매우 건강하지 않다는 점이다.

이러한 간극의 원인을 규명하고 이해하는 것이 핵심인데, 어떠한 학자들은 엘리트 계층이 그들의 사회적 자산을 통하여 위의 계층 간 차이를 계속 재생산하는 것이라고 말한다. 일례가 사회학자 피에르 부르디외Bourdieu의 이론적 틀이다(Sommerland 2007). 그 외 학자들은 경제적 보호주의가 관건이며, 핵심은 국가들이 변호사시험의 커트라인 점수를 상향 조정한 것이라고 주장하고 있다. 이러한 경제적 보호주의의 예기치 않은 결과 중 하나가 소수자minorities의 로스쿨 입학에 대한 부정적 효과이다. 하지만, 시험 커트라인을 상향 조정해야 한다고 주장하는 학자들은 로스쿨 지원자들의 전반적 자질이 하향세를 그리고 있으므로, 변호사 시험의 커트라인을 높여야 한다는 견해이다(Kidder 2004). 비판적 인종이론은 법조계에서 1970년대 중반 처음 거론되었다. 학자들과 법조인들은 선대 시민권리 운동의 결과가 퇴보하고 있음을 느꼈다. 유럽 이론가들 - 안토니오 그람시 및 자크 데리다 - 의 학설에 기반하여 시민운동가 세자르 차베스Cesar Chavez, 마틴루터 킹 주니어Martin Luther King, Jr., 작가 데릭 벨 Derrick Bell, 알란 프리맨Alan Freeman, 리처드 델가도Richard Delgado 등은 위의 퇴보를 지적하였다. 비판적 인종이론에 따르면 인종차별은 매우 보편적이고 널리 퍼져있는 사회 요소이다. 그것은 현 상황 유지와 백인 엘리트층 및 노동계급의 심리적 이해관계에 기여한다. 결국 인종 또는 문화적 차이는 사회가 명명한 것이지 유전적이거나 물리적인 것이 아니라는 것이다.

이러한 사회가 지어낸 "차이"는 가변적이어서 사회적, 역사적 또는 경제적 배경이 바뀜에 따라 변한다. 이것을 "차별적 인종화 differential racialization" 이라고 한다. 차별적 인종화와 연관성이 강한 개념이 바로 개개인마다 복잡한 정체성과 모순되고 중복된 충성심을 가지고 있다는 것이다. 이것을 "교차성intersectionality"이라고 한다. 소수자들의 실제 스토리텔링이나 견해는 인종차별과 억압을 표현하는 데 있어 효과적이다.

(2) 로스쿨과 다양성

법률 업무수행에 필요한 형식적, 이론적 지식을 체계적으로 습득하기 위해서는 실제 업무수행과 별도로 특화된 과정을 통한 훈련이 필요하며, 미국에서는 대학원 과정에 로스쿨이 있어왔다. 미국 로스쿨 입학시 다양성을 증진하기 위한 시도는 주로 인종적 다양성(흑인, 히스패닉)을 중심으로 이루어졌으며 대학에서의 적극적 시정조치 affirmative action의 광범위한 적용으로 거의 모든 로스쿨에서 수행되었다. 매년 로스쿨 입학생들의 인적구성에 관한 통계를 보면 그러한 다양성이 증대되어 왔음을 알 수 있다. 미국변호사협회에서는 '인종 및 종족성 다양성 센터Center for Racial and Ethnic Diversity'를 설립하였고, 동 센터 산하 '교육에 있어서의 인종 및 종족적 다양성 위원회Council for Racial and Ethnic Diversity in the Educational Pipeline'를 통해 법률직역에서의 다양성 증진을 위해 노력하고 있다.

샌더와 뱀바우어(Sander & Bambauer 2012)는 41개 공립public 로스쿨에서 2005-06년 시즌과 2006-07년 시즌에 입학심사를 받은 15만 명에 대한 기록을 활용해 데이터셋을 만들었다. 저자들은 2007-08년에 전국의 공공 로스쿨에 정보공개요청을 해서 자료를 얻었고, 각 학교별로 지원자들의 성적, 인종, 학부기관, 입학허가 여부, 등록 여부 등의 정보를 구하였다. 두 개 시즌의 자료를 요청한 것은 연도별로 학교들의 입학허가 시스템이 달라지는지 보기 위해서였고, 또 적은 비율의 인종그룹에 대한 적당한 샘플을 확보하기 위해서였다. 이런 식으로 41개 공공 로스쿨에서 15만 명의 데이터를 얻었다.

샌더와 테일러(Sander & Taylor 2012)는 인종 중심의 적극적 시정조치가 오히려 흑인과 히스패닉 학생들에게 낙인효과를 준다고 하고, 그보다는 사회경제적 지표에 주목할 것을 주장하였다. 사회경제적 계층은 로스쿨 입학에 영향을 미치는 것으로 나타났다. 일반적으로 말해 로스쿨 입학생들은 중상위층 이상의 가정 출신이 많았다. 그러나 빈곤층이나 낮은 계층 출신 학생들의 로스쿨 입학의 접근을 가로막는 많은 요소들이 사라지고 있는 것도 사실이다. 또한 사회경제적 배경은 로스쿨 졸업 후 연봉과는 무관하였다. 연봉과 관련해서는 출신 로스쿨의 위신이 중요했지만 전반적으로 로스쿨 때의 성적이 더 중요하였다.

로스쿨에서는 입학사정 시 인종적, 민족적 소수 집단과 사회적 약자를 배려하는 적극적 정책을 펴고 있다. 미국변호사협회의 로스쿨 인가기준도 특정 집단에 대한 차별금지, 장애인 배려 등에 관한 조항을 두고 있다. 전국적 명성이 있는 로스쿨들은 지원자의 출신 지역 다양성을 높이기 위해 타주 출신, 외국인 지원자들을 적극 유치하고 있다.

로스쿨에서의 적극적 우대조치affirmative action에는 그 유용성에 관해 그동안 여러 차례 논란이 있어 왔다. 리처드 샌더는 "불일치 이론mismatch theory"을 제시하면서 법조계에서의 성공은 주로 로스쿨입학시험LSAT으로 측정된 개인의 능력에 달려 있고, 높은 성적을 받은 사람이 변호사 시험과 법조계에서 더 성공할 수 있다고 주장하였다. 적극적 우대조치의 문제점은 수혜자가 학업 수준이 맞지 않는 학교나 법적 분석 능력이 맞지 않는 법률회사에서 성공을 거두기 어렵게 한다는 것이다. 미국 연방대법원에서는 그동안 대학 입학 시 인종을 입학 결정의 요소 중 하나로 고려할 수 있다고 판시해 왔으나, 최근 하버드 대학교와 노스캐롤라이나 대학교를 상대로 제기된 사건을 심리 중인 연방대법원에서 그동안의 판례를 뒤집을지 주목되고 있다(Students for Fair Admissions v. President and Fellows of Harvard College; Students for Fair Admissions v. University of North Carolina).

법률가로 활동하기 위해서는 전문직에 특화된 학교 교육을 수료하거나 이와 동등한 지식을 습득한 것으로 공인받아 업무를 수행할 법적 자격을 취득해야 해당 직역에서 업무를 수행할 수 있다. 법률 업무수행에 필요한 형식적, 이론적 지식을 체계적으로 습득하기 위해서는 실제 업무수행과 별도로 특화된 과정을 통한 훈련이 필요하며, 미국에서는 대학원 과정인 로스쿨에서 교육이 이루어진다. 법조 직역 전문교육 사회화 연구결과에 따르면(Erlanger and Klegon 1978; Erlanger et al. 1996; Granfield 1992; Stover 1989), 미국의 로스쿨 입학생 중에는 입학 전에 이미 법률가의 사회적 책임성에 대해 민감한 인식을 갖고 사회적 약자에게 법률서비스를 제공하기 위한 목적으로 로스쿨에 진학하는 경우가 상당하다. 그러나 로스쿨에서 전문적 사회화 과정을 거치면서 예비법조인의 가치와 신념에 변화가 생긴다는 것이다.

1980년대 중반 하버드 로스쿨의 전문직 사회화 과정을 탐구한 그랜필드는 하버드 로스쿨생들이 교수의 격려와 암시는 물론 선배와 동료와 집합적 상호과정을 통해 특유의 '집합적 우월성collective eminence'을 형성하는 과정을 관찰했다(Granfield 1992). 하버드에서 로스쿨을 다니다 보면 학생들이 어떻게 공부하고 어떤 성적을 받든 결국 미국 사회 내에 우월적 지위를 차지하게 될 것이라는 생각을 자연스럽게 갖게 된다고 한다. 결국 입학 무렵에는 반드시 그렇게 생각하지 않았던 로스쿨생들도 졸업 때에는 거액 연봉의 대형 로펌이나 기업으로 진출하는 데 거리낌이 없어진다.

법학 교육은 역사적으로 인종과 계급적 특혜를 추적하고 재생산하는 중요한 맥락으로 다루어져 왔다(Abel 1989; Costello 2005). 무어는 미국의 엘리트 로스쿨이 종종 능력주의라는 미명 하에 기존의 위계질서를 재생산한다고 주장하였다(Moore 2008). 이러한 제도화된 위계는 외부인의 법조직역에의 신규 진입을 규제하여 종국에는 법조 직역을 가장 다양성이 부족한 전문직으로 만들었다(Rhode 2015). 전문직 사회화 과정에서 습득된 소수자적 경험이 소수자 변호사들의 경력에 있어서도 불평등한 결과를 보이기도 한다(Moore 2008; Wilkins and Gulati 1996).

그랜필드의 연구(1992)에서는 엘리트 로스쿨에서 엘리트 출신이 아닌 학생들이 위축되고 스트레스를 받고 일반적으로 소외감을 느끼는 등 사회적 계급에 근거한 학생들의 주변화가 나타난다. 그러한 불안감을 줄이고 사회적 지위에 따라 자신이 평가됨을 피하고자 많은 학생들이 자신의 정체성을 관리하고 조정한다. 그랜필드는 법학

교육 과정에서 성공하기 위해 학생들은 학문적 수월성뿐 아니라 새로운 사회적, 문화적, 심리적 자본을 갖추어야 한다고 보았다.

웬디 무어(2008)는 비판법학의 이론틀에 따라 로스쿨이 본질적으로 백인 중심의 공간이고, 주류적인 서사와 특권을 주입하고 이를 합리화한다고 주장한다. 판(Pan 2016)은 엘리트 로스쿨과 비엘리트 로스쿨을 대상으로 연구했는데, 인종적 프레임이 지속적으로 아시아계와 라틴계 로스쿨 학생들의 사회화에 영향을 미치고 있음을 보여준다. 로스쿨 초기부터 문화적 충격과 인종화된 경험이 이들 학생들로 하여금 범민족적panethnic 단체에 소속하게 한다. 로스쿨에서 비주류 학생들이 "정체성 부조화identity incongruence"로 인한 고통을 겪고 있는 모습은 다른 전문직 사회화 과정에서 일어나는 일과 유사하다(Costello 2005).

언어인류학자인 머츠는 실제 로스쿨 강의 현장에서 이루어지는 사회화 과정에 대해 교수와 학생 간의 질의응답에 관한 내용분석을 실시하였다(Mertz 2007). 이 연구에서는 미국 내의 전체 로스쿨의 인구통계학적 특성의 대표성을 고려하여 서로 다른 지역, 평판, 구성원을 가진 8개의 미국 로스쿨을 선정하여 1학년 1학기 계약법 수업을 참여관찰하였다. 실제 로스쿨 수업, 특히 1학년 과정은 소규모 수업의 세미나 방식으로 진행되는 다른 대학원 과정과 달리 대단위 수업으로 진행된다. 학생들은 지금까지 배워왔던 방식과는 확연히 다른 소위 '소크라테스식 문답법Socratic method'이라는 통과의례를 치른다.

소크라테스식 문답법은 하버드 로스쿨의 초대 학장인 크리스토퍼 랑델Christopher Langdell이 처음으로 도입한 상급법원의 판례에 관한 사례분석 방법이다. 교수와 학생이 문답 과정을 통해 판례의 일관성을 따지면서 스스로 문제의 해결점을 찾아가면서 리걸 마인드를 습득하게끔 하는 것이다. 미국 로스쿨들이 지역, 수준, 구성원의 차이에도 불구하고 로스쿨 교육에서 공통되게 발견되는 소크라테스식 문답법에 기초한 수업방식에서는 전형적으로 제시되고 활용되는 비전과 언어가 있다. 머츠는 미국 로스쿨 수업에서 전달되는 언어는 어떤 메시지를 담고 있는지, 교수의 성별과 인종은 어떤 차이점을 가져오고, 학생의 성별과 인종, 그리고 배경은 어떠한 차이점을 가져오는지에 대해 규명하였다.

머츠는 법학교육을 처음 접하는 수업과정에서 발생하는 언어적 상호작용을 통해 '법률가처럼 생각하기'를 향한 방향의 재설정이 이루어지는 모습을 관찰하였다. 소크라테스식 문답법을 통해 진행되는 수업에서 언어의 탈맥락화가 이루어지고 추상적 법리 구성이 중요시된다. 사실관계 확정 과정에서도 사회적 맥락에 따른 사안의 복잡성보다는 법적인 주장과 당사자의 전략적 위치만을 부각시켜 사안을 '구성'하는 능력을 습득하는 교육이 주로 이루어짐을 보였다. 이 과정에서는 사실관계와 법원의 판시사항, 심급별 판결 등 법적 중요성을 지니는 내용을 구분하여 말할 것이 요구되며, 법적 텍스트에 대해서는 정확한 지식을 요구한다.

또한 여성과 소수인종 학생들이 문답식 수업에서의 발화 빈도가 전반적으로 낮은데, 여성이나 소수인종 교수의 수업일 경우에 더 적극적으로 수업에 참여한다고 보고했다. 여성과 유색인종 학생들의 참여 빈도가 저조한 것은 사회화 과정에서 자신들의 목소리가 잘 반영되지 않았던 경험에서 비롯되는 것일 수 있다. 사회적 맥락이나 차이를 반영하지 않는 법학교육이 더욱 문제가 되는 지점이다. 미국 로스쿨의 학생선발 과정에서 시행되어 온 적극적 시정조치affirmative action는 학생 구성의 다양성을 증진시키려는 목적으로 이루어져 왔는데, 그러한 제도의 취지를 살리기 위해서는 로스쿨 학생들의 인구사회적 배경의 다양성이 실제 강의실 등에서 발휘될 수 있도록 해야 한다. 그러나 머츠의 연구는 그것이 실제로 구현되지 못하고 있음을 보여주고 있다. 때문에 학생들이 의사소통을 통해 서로 간에 지적 자극을 줄 수 있는 환경을 조성하는 것이 필요하다고 제안하였다.

반면 백인 남성 학생들은 다른 학생들에 비해 로스쿨에서 보다 자신감 있어 하고, 그러한 자신감 때문에 좋은 성적을 유지할 수 있다(Clydesdale 2004). 왜냐하면 그들이 로스쿨생의 전형에 부합하기 때문이다. 요컨대 전형적인 로스쿨 1년생의 모습은 20대 초판의 백인이며, 영어를 모국어로 하고 전업 학생이며, 높은 자신감을 갖고 있는 신체적으로나 배우는데 장애가 없는 사람이다. 또한 미혼에 아이가 없고 중상위 수준의 사회경제적 배경을 갖고 있다(Clydesdale 2004). 로스쿨에서는 이러한 전형적 모습에 부합하는 방향으로 모든 로스쿨생들에게 기대되는 역할을 수행할 것이 요구되는 일종의 사회화가 이루어진다.

판(Pan 2016)은 아시아계, 흑인, 히스패닉 로스쿨 학생들과의 면접을 통해 다양한 맥락에서 나타나는 종족성의 측면들을 조사하였다. 먼저 로스쿨에 지원한 동기를 살펴보면, 어떤 사람들은 부모나 아는 변호사들을 통해 동기부여가 되고, 어떤 경우에는 과거 법과 관련된 개인적 경험을 통해 진입한다. 살면서 뭔가 불이익을 당했던 경험 등 그 동기는 매우 개인적일 수밖에 없다. 그런데 아시아계나 라틴계 변호사가 법조직역에 동화될 때에도 주류문화에 동화되는 것 못지않게 자신들에게 요구되는 문화적 열망을 균형 있게 수용해야 한다. 소수민족 법률가들은 인종화racialization 및 다른 장애물에 씨름하면서 동시에 주류 미국사회에 통합하는 노력을 해야만 한다.

최근 로스쿨에 진학하는 국제학생의 증가는 법조직역 정체성의 형성에 관한 교육훈련 과정에서 또 다른 역동적 측면을 제공한다. 국제학생의 유무는 종종 로스쿨의 교육환경과 경험의 국제화를 나타내는 징표로 인정된다. 로스쿨에 국제학생이 많아지는 것은 미국학생들에게도 보다 넓은 시각을 제공해 주는 이점이 있다(Robel 2006). 법무박사JD 프로그램의 국제학생 비율은 지난 10년 동안 급격히 늘었으며 어떤 경우에 있어서는 미국 내 소수민족 학생들의 수보다도 많다. 국제학생 JD 학생들의 수는 2016년에 흑인(13%), 아시안(14%), 히스패닉(8%)보다 많았다. 또한 미국변호사협회에 따르면 1990년대 중반부터 2000년대 중반까지 JD 이후 대학원 과정(법학석사 및 법학박사) 등록자 수는 두 배로 증가하였다. 이 기간 동안 법학석사LLM 과정에 소속된 국제학생의 비중은 40%에서 60%로 증가하였다. 오늘날 로스쿨에서 국제학생들을 위한 대학원 과정을 적어도 1개 이상 운영하고 있는 학교는 80%가 넘는데, 그것은 지난 10년 동안 2개 이상 성장한 것이다. 이들 중 대부분은 캐나다, 중국, 한국에서 온 학생들이다. 이 세 국가는 JD 과정에 재학 중인 외국학생들 중 다수를 차지한다(Silver and Ballakrishnen 2018). 결국 오늘날 미국의 아시아계 로스쿨생들은 많은 아시아 출신 국제학생들과 함께 수업을 듣고 있는 것이다. 이러한 로스쿨의 학생구성의 변화로 인해 앞으로 법학교육과정 내에서의 법조직역 정체성 형성에 관한 새로운 연구들이 나타날 수 있을 것이라 기대된다.

2) 업무환경 속에서의 사회화

(1) 법조문화

직역사회화 과정은 일차적으로 로스쿨에서 "법률가처럼 생각하기"를 배우면서 습득하지만, 상당 부분은 직업 현장에서 실무지식을 습득하면서 이루어진다. 법률가로서 업무를 수행하는데 그 자신의 인종적, 종족적, 종교적 정체성은 무관할 것이라는 이상은 실제와 다르다는 비판이 끊임없이 이어져 왔다. 무엇보다 미국 법률전문직주의는 역사적으로 살펴볼 때 특정 시기에 특정 집단에 의해 형성된 것이라는 점이 지적될 수 있다.

19세기 말까지만 하더라도 미국에서 대부분의 변호사들은 단독개업하거나 2~3명의 소규모 법률사무소에 근무하였다. 또한 변호사 양성과 법지식의 전수도 전문적 법교육 기관에서가 아닌 소규모 사무실에서 도제식으로 이루어졌다(Friedman 2005). 19세기 중반의 미국사회는 급속한 자본주의의 성장이 진행되었던 시기이다. 자본주의의 발전은 한편으로 변화에 부응할 수 있는, 나아가 변화를 촉진할 수 있는 전문적 지식과 훈련을 받은 법률가를 요구하였다. 여기에 새로운 이민자들이 유입되고 해방된 노예들이 북부의 대도시로 대거 이주하면서 기존의 위계질서가 위협을 받게 되었다.

1870년 처음으로 뉴욕시에서 변호사협회New York City Bar가 결성되었을 때 당해 연도에 가입한 450명의 변호사들 중 대부분은 명문가 출신의 상류층 기업변호사였다(Friedman 2005). 전미변호사협회 American Bar Association는 1878년에 창설되었는데, 회원은 '품위 있고 고상한' 상류층 변호사에게만 문호가 개방되어 있었다. 이 시기에 결성된 법률전문직 단체들의 주류인 잉글랜드계 신교도 백인 (WASP) 엘리트 법률가들은 자신보다 못하다고 생각되는 이민자 출신인 '수준 이하'의 변호사들이 법조계에 진입하는 것을 통제하고 봉쇄하고자 하였다. 변호사협회의 주도로 로스쿨 인증제도를 도입하여 이민자 및 저소득층의 학생들이 주로 다니던 야간 로스쿨을 고사시킨 것도 변호사협회의 편협성을 드러내 준다(이재협 2008). 이민자들이 법률가가 되기 위해서는 여러 가지 진입장벽들(로스쿨, 변호사시험, 영주권/시민권 등 요건)을 극복해야만 했다(Abel 1989; Auerbach 1976; Sutton 2001). 1909년에는 ABA가 변호사 자격에 미국 시민권을 요건으로 할 것을 제안하였고, 1946년에 이르기까지 모든 주에서 그러한 요건을 수용하였다.

미국 법조계의 업무 모델은 법률서비스의 대형화, 전국화, 다목적화, 상업화로 특징지어지는 로펌문화에서 나온다(Trubek et al 1994). 뉴욕에 소재한 유서 깊은 로펌인 크라바스, 스웨인, 무어Cravath, Swaine, & Moore의 대표변호사인 폴 크라바스Paul Cravath가 19세기 말에 시작한 '크라바스 모델'은 사후적 해결방식인 소송보다는 기업, 증권, 금융, 조세 등 기업 전반에 관한 사전적 문제해결 방식에 초점을 맞추었다. 또한 변호사 채용에 있어 경력변호사보다는 새내기 변호사들을 최고의 엘리트 로스쿨에서 충원하여 훈련시켰다. 크라바스는 신입변호사들을 통상적으로 6여년의 기간이 지나 법률지식, 판단력, 인성 등의 기준으로 평가한 후 자질을 보이면 파트너로 채용하고 그렇지 못한 사람들은 해고하는, 변호사들이 파트너십의 정점을 향해 경쟁하는 피라미드 구조를 도입하였다(Galanter and Palay 1991). 로펌은 "자신이 처리할 수 있는 수준 이상의 사건을 수임하는 유능한 변호사가 다른 보조 변호사들을 고용한 뒤 이들을 치열한 경쟁과정tournament 속에서 관리함으로써 생산성을 극대화"하는 법률가 영업 방식의 새로운 조직형태였던 것이다(Galanter and Palay 1991).

미국 법실무의 지배적인 로펌문화에 내재된 이데올로기적 편향에 대해 손튼은 로펌의 기업법무가 긴 업무시간을 요구하고, 여성 변호사들의 업무적응을 용이하게 하는 정책들을 경시한다고 보았다 (Thornton 2016). 샌더는 로펌에서 남성 중심으로 파트너 변호사가 구성되는 현상도 여성들이 파트너십 승진에 요구되는 업무강도와 근무시간을 기피하는 경향의 발로라고 보았다(Sander 2006). 제니퍼 피어스Jenifer Pierce는 1988년과 1989년 사이 15개월 동안 샌프란시스코 소재 두 개의 로펌에 사무보조원paralegal으로 취직하여 로펌 내의 업무에서 나타나는 남성 중심적 형태를 분석하였다. 연구대상에는 여성 소송전문 변호사 뿐 아니라 법률사무보조원과 비서들도 포함되었다. 피어스는 어떻게 법률사무가 젠더화되었는지를 개인의 정체성과 사회적 상호작용의 차원에서 분석하였다.

피어스에 따르면 로펌에서 여성이 점유하고 있는 직업은 남성과는 체계적으로 달랐다. 남성들은 좀 더 힘 있고 권위 있고 수입 높은 위치, 즉 파트너나 소속 변호사들이 대부분이라면 여성들은 대개 법률사서, 사무보조원, 비서로 근무하고 있었다. 로펌에서의 업무는 매우 상호의존적이지만 양자 간의 커리어 이동 및 상호교류는 최소한으로 이루어지고 있었다. 피어스는 법률사무가 젠더화되는 것을 소송업무의 남성화masculization of litigation와 법률보조업무의 여성화 feminization of paralegal work에서 찾는다. 즉 남성이 여성보다 더 선호되는 것이 아니라 법률직 자체가 남성의 감정적 필요를 여성이 충족시키는 방식으로 구조화한다. 법률사무에 수반되는 엄청난 압박 때문에 사무보조원이 업무에 지친 변호사를 달래고 위로하는 것이 당연시된다는 것이다. 여성들은 그들의 성정체성을 구조적이고 규범적인 한계 안에서 협상한다. 어떤 여성변호사들은 공격적인 남성 변호사를 흉내 내고, 또 다른 여성변호사들은 소송에서는 공격적이지만 집이나 회사 근무환경에서는 동료들을 돌보는 역할을 수행하는 것처럼 말이다. 다만 피어스의 연구는 젠더가 로펌 내의 분업에 어떤 역할을 하는지가 드러내고 있지만 인종, 종족성, 사회계층과 같은 다른 정체성이 어떻게 개입되는지, 혹은 그에 따라 법률사무가 분화되는지 등에 대해서는 규명하고 있지 않다.

(2) 법조에서의 인종적 소수자

소수인종, 소수민족 변호사를 주된 연구대상으로 삼은 연구는 많지 않다. 라틴계 변호사들의 경험은 미국의 포용성과 법률직역에서의 다양성 부족을 나타내주고 있다. 한 연구에 따르면 그들은 흑인 변호사와 마찬가지로 대다수가 소규모 로펌에 근무하거나 단독개업을 했다. 공익변호인 등 공적 부문, 비영리 부문에서 근무하는 사람도 많았다. 반면 대형 로펌에서 파트너나 소속변호사로 근무하는 경우는 많지 않고, 법학교수도 드물었다(Reynoso 2005).

차베스가 연구한 라틴계 변호사들은 출신지가 다양하고 미국의 여러 지역에서 자라났다. 이들 중에는 미국시민권이 있는 사람과 이민자가 섞여 있지만, 똑같이 주변화와 차별을 경험하였다(Chavez 2011). 가장 성공적인 법률가조차도 직업현장에서 정기적으로 차별을 경험하였다. 그러한 경험들을 통해 이들은 성공적인 법률가가 되고자 하는 전략을 선택하였고, 이들 중 소수만이 파트너로 승진하는 점은 법률직역의 인종적, 종족적 불평등을 나타내준다. 이 연구에서 보이는 라틴계 변호사들의 성공(전문적 지위, 소득, 만족도, 사회참여 등)은 역설적이지만 인종화의 경향을 보여주는 것이라 할 수 있다.

제리 강은 여성, 소수자들을 직업적으로나 다른 방식으로 성공하기 어렵게 만드는 부정적인 속성과 연관 짓는 무의식적인 심리적 과정에 대해 논의하였다. 예를 들어 로펌 내에서 여성이나 소수자들은 고객을 유치하는 데 능숙하지 않다거나 로펌의 문화에 맞지 않는다는 암묵적인 편견이 업무 배분 방식, 직원 평가 방식, 보너스 지급 대상에 영향을 미칠 수 있다. 이러한 부정적인 고정관념은 대중매체나 기타 사회적 과정에서 비롯되는 경향이 있는데, 그것은 컴퓨터 바이러스처럼 뇌의 무의식적 태도를 장악하고 지배하는 역할을 한다는 것이다(Kang 2005).

아시아계 법률가에 관한 최근의 설문조사에서는 기본적인 인구통계, 정치 참여, 로스쿨 경험, 법 전문직에서의 커리어 선택과 경험, 그리고 미래 포부에 대한 데이터가 수집되었고, 연구대상인 77명의 변호사들을 12개의 포커스 그룹으로 나누어 심층면접하였다(Chung et. al. 2017). 각 포커스 그룹에게 법조인이 된 동기, 로스쿨에서의 경험, 커리어 선택에 영향을 준 사항, 전문경력 개발에의 방해물, 차별 인식, 그리고 아시아계 종족정체성과 친한 집단의 역할에 대해서 질문하였다.

그 결과 아시아계 법률가는 다른 어떤 인종, 종족 집단보다 로펌이나 기업에서 일하는 경향이 강하며, 정부에서 일하는 경향이 가장 약했다. 정부나 정치계로 진출하는 것이 로스쿨에 지원한 첫 번째 이유라고 보고한 아시아계 법률가의 수는 매우 적었다. 2015년 상위 30개 로스쿨 졸업생의 10.3%를 아시아계가 구성하고 있지만, 연방 사법부 로클럭의 6.5%만을 구성한다. 사법부에서 현직판사로 근무하고 있는 아시아계 법률가는 25명에 불과한데, 이는 연방 사법부의 3%에 해당한다. 반면 주법원 판사의 비중은 2%에 머물러 있다.

20년 남짓 동안 아시아계 법률가들은 주요 로펌에서 가장 큰 소수 집단이었다. 하지만 가장 높은 이직율과 가장 낮은 파트너 구성 비율을 나타내고 있다. 많은 아시아계 변호사들은 암묵적인 편견과 정형화된 인식을 진급이나 승진의 방해물로 보고한다. 아시아계 법률가 중에서 여성은 남성보다 인종에 근거한 편견을 경험할 가능성이 더 크다(Chung et. al. 2017). 전체적으로 아시아계 법률가들은 실질적으로 모든 법률직역에 진출하였지만, 로펌, 정부, 학계의 지도자급에서는 심각하게 과소 대표되어 있다.

(3) 종족성의 발현

여러 국가에서의 2세 이민자들에 관한 기존 연구들에 의하면 아시아계의 상대적인 성공에 대한 결과들이 두드러진다. 아시아계 이민자 자녀들은 대학원 이상의 고학력자가 많고 노동시장에서의 여러 장벽에도 불구하고 소득은 상대적으로 높음을 알 수 있다. 보르하(Borjas 1992)는 개인의 종족성이 그들의 사회적 이동에 영향을 줄 수 있음을 주장하였다. 그의 이론에 따르면 종족성은 인간자본 축적에 있어 일종의 "외부효과"를 일으키는데, 차후 세대들의 미래는 그들의 부모의 직업이 아니라 자녀들이 양육되는 종족적 환경의 질에 따라 달라지고, 그러한 것을 "종족성 자본"이라 칭하였다. 2세 이민자들의 학업성취에 대한 연구에서도 아시아계 이민자 자녀들이 부모의 교육수준, 직업, 소득에 무관하게 매우 높은 학업성취 결과를 나타낸다고 보았다. 즉, 문화개념 상의 프레임을 사용하여 이민자 자녀들과 그들의 부모의 성공에 대한 프레임을 사용해 분석하고 그러한 성공 프레임은 종족성에 따라 달라지고 그러한 프레임을 어떻게 종족적 자본이 뒷받침하느냐에 따라 달리 나타난다고 보았다.

디노비쩌(Dinovitzer 2006)의 연구는 변호사의 경력에 영향을 주는 사회적 자본을 유태계 변호사들의 경력을 통해 살펴보고 있다. 사회적 자본이 법조직역에 긍정적 영향을 끼치는 자원이라고 본 선행연구와는 달리 사회적 자본의 긍정적이고 부정적인 다차원적 양상을 규명하고 있다. 다섯 가지 종류의 사회적 자본(호혜적 교환, 정치적 결속, 개인적 연줄, 지역사회 멤버십, 교우관계)과 4가지의 결과(근무지, 업무의 평판, 만족도, 수입)에 기초해 볼 때 특정한 사회적 자본이 결과에 다르게 영향을 준다고 보았다. 이 연구는 사회적 자본이 호혜적 교환으로부터 파생되는 긍정적 영향이 있지만 촘촘한 사회적 연관성이 덜 성공적인 업무환경을 조성할 수 있음을 보인다.

아시아계 법률가에게는 순종적인 여성의 이미지, 모델 마이너리티와 같은 아시아계 이민자들에게 고정된 부정적 이미지가 그대로 투영되는 경우가 많다. 그러한 암묵적 편견 혹은 고정관념들은 재판과정 중에도 은연중에 나타나고 있다(Levinson, Bennett, and Hioki 2017). 뿐만 아니라 미국 법문화를 특징짓는 당사자주의adversary system 이념 내에도 개인주의, 경쟁, 자기중심주의라는 문화적, 젠더 가정이 내재해 있다(Oh 1992). 그러한 문화적 경향성은 종종 커뮤니티, 관계, 조화, 합의를 중시하는 아시아적 가치와 상충한다. 결국 아시아계 법률가를 비롯한 소수민족 출신 법률가들은 상승된 사회적 지위와 결부된 전문직 정체성을 인종적 혹은 문화적 타자라는 정체성과 타협해야 하는 입장에 서있는 것이다.

김현희(2016)는 한인 변호사들의 무료법률서비스를 분석하면서, 법률가들의 직업적 정체성이 종족 정체성의 특수한 의미를 생성해 내는데 중추적 역할을 수행한다고 하면서 양자의 매개적 측면과 교섭적 측면을 발견해 내고 있다. 이 연구에서 한인 변호사들이 변호사직과 업무를 이해하는데 있어서 이민 경로와 역사, 종족성 등이 주요 요소로 작용하고, 법률가로서의 법적 지식의 가치와 의미도 한인이라는 소수자 집단의 이민 사회라는 맥락에 따라 특수하게 결정되는 모습을 보여주고 있다.

왈드(Wald 2015)에 의하면 백인 남성 변호사들은 능력과 의뢰인에 대한 충성심에 대한 긍정적인 인종적 성적 고정관념으로 인해 이익을 받고 있고, 그로 인해 직장을 얻는 데에도 유리하다. 법률가들이 재판전략상 개인 정체성을 상품화하는 것은 새로운 일이 아니다. 예컨대 흑인 유명농구선수가 성폭행 혐의로 기소되었을 때 피고인에 대한 인종적, 성적 고정관념에 대응하는 차원에서 백인여성 변호사를 선임하는 등의 여성과 소수민족 변호사들의 정체성을 상품화하는 것이 한 예이다. 그는 또한 이민법 사무에 있어 소수민족 출신의 다언어 구사자들이 비교문화적인 감수성을 지니고 있어 의뢰인을 문화적으로 이해하고 더 잘 대변할 수 있음을 지적하고 있다.

딩그라Dhingra는 '주류 내의 주변margins in mainstream'적 시각을 도입하여 2세 변호사들이 어떻게 다중적인 정체성을 동시에 활용하는지 보여주었다. 그것은 상황이나 맥락에 따라 여러 개의 정체성 중 하나를 선택하거나 양자를 오고 가는 것이 아니라 여러 종족적 정체성을 일상적으로 혼합하여 사용하는 것을 말한다. 그러한 전략적인 정체성의 사용은 집, 직장, 여가 등 서로 다른 영역에서의 코드에 따라 제한된다(Dhingra 2007). 딩그라는 피면접자 중 적어도 절반 정도가 비정치적이고 보수적인 종족 정체성(음식, 언어, 종교관행)에 큰 소속감을 느낀다고 한다. 그들은 문화적 자본에 자부심을 갖고 동료들이나 친구들에게 이를 보여주는 것을 즐긴다. 그런가 하면 그의 다른 피면접자들은 자라 오면서 종족적 네트워크의 부재와 문화적 지식의 무지에 관한 죄책감 때문에 자신들의 종족 정체성에 상반된 반응을 보인다. 인종차별의 심리적 트라우마를 감소시키기 위한 동화적 궤적assimilative trajectory을 추구하기보다는 국가성, 언어, 문화적 관행에 노출된 2세 아시아계 전문인들은 주류 혹은 사적 공간에서 그들의 종족정체성을 작동하는데 매우 능숙하다.

김현희(2014)는 한인 변호사와 한인 의뢰인의 상호작용을 통해 어떻게 종족적, 인종적 경계가 재확인되는가를 보여준다. 이 연구의 대상인 법률가 집단은 대부분 개인 변호사 사무실을 운영하면서 이민법 상담을 해주는 미국 법조의 위계상 말단에 위치한 사람들이다. 이들은 종종 법정에 나가 변론하는 능력을 갖추지 못한 것으로 간주되기도 한다. 한인들은 그러한 변호사의 능력을 폄하하면서도 그에 의존하고, 반면 한인 변호사들은 한인 커뮤니티를 잠재적 고객으로 생각하기 때문에 한인 의뢰인을 피곤한 존재로 여기면서도 동시에 그들을 거부할 수 없는 모순된 관계를 맺고 있다. 즉 한인변호사와 의뢰인이 서로를 평가하는 모습이 미국사회의 인종적 위계를 반영하고 이를 재생산하는 모습을 잘 보여주고 있다. 이러한 과정을 통해 종족적 내밀성을 공유하여 집단적 정체성을 강화한다는 것이다.

(4) 세계화

세계화는 국가적, 직무적 영역을 허물어 왔다. 갤란터Galanter가 분석한 메가로펌의 지배적 위치는 전 지구적 경쟁과 통합의 양상을 보여주는 초기의 모습이다. 법무의 글로벌화는 최근 가장 활발하게 연구되는 영역이다(Holiday and Carruthers 2007; Liu 2013). 법률가 사무의 범위는 지방, 국가, 지역적 경계를 확장시켜 와서 결국 기업로펌의 국제화와 전 지구적 법적 기구의 탄생을 낳았다(Dezalay and Garth 1995). 국제적 상거래가 빈번해지고 자본투자가 자유화되면서 소수의 지배적 국가에 의해 금융시장이 통제되고, 그 지역에 적용되는 지방적 법규범이 여타 국가의 상법적 법률시스템으로 침투하게 되었다. 오늘날 법의 세계화가 법의 미국화를 초래하였다고 해도 지나친 말은 아닐 것이다(이재협 2007).

이주에 대한 일반적 연구들과 같이(Massey et al 1998) 변호사의 이주를 촉진하는 요인은 다른 전문직의 그것과 유사하다. 임금의 차이가 주된 원인이긴 하지만, 그 외의 경제적, 정치적, 개인적 요인들이 있다. 중요한 이유 중 하나는 법률사무에 대한 각국의 규제의 차이이다. 의사나 엔지니어의 전문성은 한 장소에서 다른 장소로 쉽게 이전 가능하지만 법적 전문성은 매우 로컬화된 업무이다. 변호사들의 전문성을 구성하는 많은 부분은 소재지의 법 시스템과 법집행 공무원들과의 유대관계 등이다(Liu 2013). 바로 이러한 법적 전문성의 지역성 때문에 한 지역에서 다른 지역으로 이주할 때 변호사들이 오랜 시간 동안 한 특정 지역에서 쌓아놓은 사회적 자본을 잃어버리고 만다.

실버Carol Silver는 법학석사LLM 과정이 법률실무의 글로벌 확산에 기여한다고 보았다. 법학석사 학위소지자들은 국제법무환경에서 자신들의 영역을 넘나드는 기술(법적, 문화적, 언어적)을 발휘한다고 보았다. 이민변호사는 마찬가지로 LLM 학위를 받은 사람이 많은데 이들 역시 법조직역 내에서 성, 인종, 종족적 다양성을 실현하는 행위자로 보인다(Michelson 2015). 미국 법조직역 내의 인종적, 종족적 구성에 이민 변호사들이 기여하는 바는 중대하다. 이민자 변호사 중 아시아계가 차지하는 비중은 미국태생의 아시아계 변호사들 숫자보다 많다.

한 연구에서는 뉴욕시의 이민법협회 회원들이 비슷한 배경을 가지고 있다고 보았다. 그들의 1/3 정도가 이민자였고, 미국태생 회원들 중 1/3의 부모가 외국태생이었다. 대부분의 변호사들이 엘리트 로스쿨 출신이 아니었다(Levin 2011). 국제 JD 학생들의 숫자가 많아지면서 미국의 로펌들이 자신들의 명성을 신장시키기 위해 도입하였던 다양화 정책에도 영향을 주게 되었다. 한 연구에 따르면 홍콩 소재 미국계 로펌에 채용된 한국계 변호사의 경우 1/4이 한국에서 학사학위를 취득하였고, 3/4이 미국 로스쿨을 졸업하였다(Silver, Lee, and Park 2015). 한국 내에서 해외 로펌의 법률사무 수행이 금지되었을 때, 미국계 다국적 로펌들이 홍콩 지사를 통해 한국 관련 법률사무를 수행하였고, 그들이 선호하는 변호사의 자격요건과 전문성은 '글로컬' 정책에 기반을 두고 있었다.

❸ 소결

　미국에서 법조직역은 정치, 경제, 사법행정, 언론 등 주류사회를 움직이는 핵심 전문직으로 인정되고 있다. 법률가가 된다는 것은 미국사회를 움직이는 엘리트 집단의 일원이 되는 것으로, 그동안 인종적 소수자와 이민자들의 사회경제적 지위와 권익을 신장하기 위해 법조계로 진출하면서 법조직역의 인종적, 민족적 구성이 다양해져 왔다. 법은 모든 사람에게 동일하게 적용되고 법의 이념과 원칙은 '피부색을 불문한color-blind' 보편적 기준이기 때문에 가치중립성과 공평무사성이 법률가로서의 중요한 자질과 덕성으로 인식되어 왔다. 따라서 법률가로서의 정체성 형성에 인종, 종족, 종교 등의 요소는 개입되지 않고 개입되어서는 안 되는 것으로 간주되었다. 그러나 법조직역의 문호가 모든 사람에게 공평하게 열려있고, 법률가 집단 내부의 지배적 이데올로기와 직업적 윤리가 소수자 출신 법률가에 대해 비차별적일 것이라는 이상은 실제와는 매우 다르다.

　법률가적 사고와 지식을 습득하고 훈련하는 교육과정 속에서, 그리고 실제 법률시장에서 실무를 익히고 행사하는 과정에서 직업정체성 이외의 인종적, 종족적 정체성은 매우 유의미하게 관련된다. 법학교육기관 내의 사회화 과정에서 백인 중심의 주류적 시각과 이데올로기는 교수방법, 커리큘럼, 동료와의 상호작용 등의 맥락에서 강화되고 재생산된다. 소수자적 시각과 정체성은 때로는 경시되고, 은폐되고, 바람직하지 않은 것으로 간주되기도 한다. 법률가로서의 훈련을 모두 마치고 변호사 사무실의 일원으로 업무를 수행할 때에도 인종적, 민족적 정체성은 경력발전에 영향을 미친다. 로펌문화의 지배적 업무형태인 기업자문 법무는 고강도의 노동과 상호경쟁적인 환경, 그리고 *끈끈한* 멘토쉽과 사건수임을 위한 외부 네트워크를 요구한다. 이러한 요소를 갖추지 못한 소수자 출신 법률가들은 주류 법조집단과는 다른 공간(예컨대 공익, 정부, 이민 분야)에 종사하는 대안적 전략을 선택하기도 한다.

최근 법학교육과 법률실무에서 급속히 진행되고 있는 세계화의 추세는 법률가의 직업정체성과 인종 및 종종정체성 간의 역동적인 관계를 살펴보는데 유의미한 단서를 제공해 준다. 원래 법실무는 매우 지역적 상관성이 높아 지역 언어의 사용과 사회적 기반이 필수적인데, 상품과 자본, 인력의 국제적 이동이 증대되면서 국제상거래의 표준이 된 미국법이 준거법으로 채택되고, 미국법에 정통한 변호사들이 전 세계적으로 활동의 범위를 넓히고 있다. 의뢰인의 국적이 다양화되면서 현지 언어, 법문화에 대한 이해가 필요하게 됨으로써 미국의 법학교육에 있어서도 국제적 요소가 중시되게 되었다. 또한 지배적인 미국법을 배우고자 하는 외국변호사들의 수요가 급증하여 법학교육 현장에서 인종적, 민족적 다양성이 증대되기 시작하였다. 로펌들은 국제적 경쟁력을 확보하기 위해 다국적 로펌간의 인수합병을 하게 되면서 다양한 배경의 변호사를 확보하고 이질적 로펌문화를 조화시키는 과제를 안게 되었다. 이제 점차 법률가의 인종적, 민족적 정체성은 법조시장에서 활용 가능한 하나의 가치 있는 자원이 되고 있다.

제3장

하와이의 현황 및 이민사

① 하와이 개황

1) 지리적 특성 및 행정구역

하와이는 태평양에 있는 제도로 8개의 큰 섬과 137개의 작은 도서로 구성되어 있다. 주요 섬은 하와이Hawaii, 카우아이Kauai, 마우이Maui, 그리고 주의 수도 호놀룰루시가 있는 오아후Oahu 등 네 개의 큰 섬이 각각 카운티County를 구성하고 있으며, 작은 섬으로는 몰로카이Molokai, 라나이Lanai, 니하우Niihau가 있다(〈그림 3.1〉 참조). 카호올라웨섬에는 사람이 살지 않는다. 하와이주 전체 면적은 16,635km²이며, 오아후Oahu는 총면적 1,548km²로 제주도의 9/10 정도이며, 호놀룰루가 최대도시로 인구의 70%가(2020년 기준) 거주하고 있는 하와이 제도의 중심 섬이다. 하와이Hawaii는 하와이 제도에서 가장 큰 섬으로 '빅아일랜드' 라고도 불리며 미국 유일의 활화산 킬라우에아Kilauea산이 있다. 현재 하와이주 전체인구의 13.8%가 하와이섬에 거주하고 있다(2020년 기준). 카우아이Kauai는 '작은 그랜드 캐년' 이라 불리는 와이메아 캐년Waimea Canyon으로 유명하다. 마우이Maui는

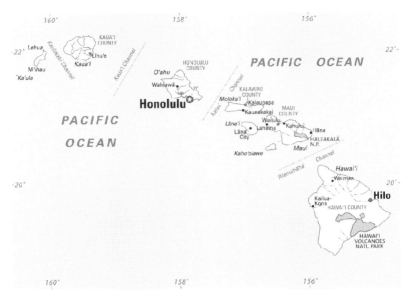

그림 3.1 하와이의 섬들 및 카운티

하와이 제도 중 두 번째로 큰 섬으로 옛 수도 라하이나Lahaina와 신전 유적지가 소재하고 있다. 현재 하와이주 전체인구의 10.6%가 마우이섬에 거주하고 있다(2020년 기준). 몰로카이Molokai는 교통신호가 없는 한적한 섬이다. 라나이Lanai는 과거 섬 전체가 Dole 회사의 파인애플 농장이었으나 현재는 래리 엘리슨 오라클 CEO가 소유하고 있다. 니하우Niihau는 하와이의 사탕수수 부호 로빈슨가의 사유지로 전통과 풍습의 보존을 위해 외부인의 접근을 엄격히 통제하며, 현주민 84명은 순수 하와이 혈통을 가진 사람들로 하와이 전통 생활양식을 유지하고 있다.

하와이는 전 세계의 섬들 중에서도 대륙과 가장 먼 거리에 위치한 매우 고립적인 곳 중 하나이다. 하와이주의 인구수는 미국 50개

주 중 40위에 해당되며, 미국의 한 주이지만 본토와는 다른 독자적인 문화를 가진 곳으로 인식되고 있다. 하와이는 미국 영토 내에 왕국이 존재했던 유일한 곳이고, 종종 인종적으로 조화된 낙원으로 비추어지지만, 동시에 깊은 인종적 갈등과 분열이 존재하는 곳이기도 하다. 이러한 하와이의 특수성은 하와이 주민들의 정체성 형성에 지대한 영향을 미쳐왔다.

하와이는 5개 카운티로 이루어져 있으나, 지방 자치 단위로의 시는 없다. 그래서 호놀룰루는 주도이고 호놀룰루를 포함하고 있는 호놀룰루 카운티(해당 섬 전체가 호놀룰루 카운티 영역)의 카운티 정부 소재지이기도 하지만, 호놀룰루 시청은 따로 없어 미지정 구역 Unincorporated Region으로 분류된다.

하와이에는 25명의 주상원의원과 51명의 하원의원이 있다. 또한 2명의 연방 상원의원과 2명의 연방 하원의원을 선출한다. 주행정부에는 주지사와 부지사, 4명의 카운티 시장이 있고, 선출직인 교육감과 하와이 원주민청장Office of Hawaiian Affairs이 있다.

하와이주의 법원은 전부 네 개의 순회구로 구성되어 있다. 제1순회구는 오아후섬의 호놀룰루시와 호놀룰루 카운티를 관할하고 제2순회구는 마우이, 몰로카이, 라나이, 카후라웨 섬을 관할한다. 제3순회구는 하와이섬을 관할하고(하와이섬은 원래 제3순회구와 제4순회구로 분리되어 있다가 현재는 제3순회구만 남아있다) 제5순회구는 카우아이와 니하우섬을 관할한다. 각각의 순회구는 지방법원, 순회법원, 가정법원으로 구성되어 있다. 지방법원은 경범죄 사건이나 소송가액이 적은 민사사건을 취급하고, 순회법원은 중범죄 사건과 소송가액 2만 불 이상의 민사사건과 유산상속 사건을 담당한다. 이들 법원에서 결정된 1심판결은 모두 상급심으로 항소가 가능한데, 항소심은 호놀룰루시에 위치한 대법원supreme court와 고등항소법원intermediate court of appeal에서 심사한다. 항소된 사건은 대법원에서 접수 후 일반적 사건들은 고등항소법원에 배정하고 사회적 중요도가 높은 사건만 대법원에서 직접 심사한다. 고등항소법원 결정은 대법원에 다시 상고될 수 있다. 대법원은 5명의 대법관으로 구성되고 고등항소법원은 4명의 판사로 구성된다. 하와이주의 판사들은 모두 주지사가 임명하고 주상원의 인준을 받아야 한다. 하와이에는 하나의 연방지방법원이 있으며 그에 대한 항소심은 캘리포니아주, 워싱턴주 등이 속한 연방 제9항소법원에서 관할한다.

2) 역사

하와이의 역사에는 제국주의와 다문화주의의 서사가 공존한다. 하와이의 역사는 폴리네시아 계통의 원주민들이 기원전 400년경 태평양의 여러 섬들에 정착하면서 시작한다. 서양에 알려지기 시작한 것은 1778년 제임스 쿡 선장에 의해서였는데, 그 후로 외부 세계와의 지속적인 접촉이 이루어졌다. 하와이 왕국이 수립된 것은 카메하메하 대왕Kamehameha Ⅰ 때이다. 그는 서양의 문명, 과학, 무기를 빠르게 받아들여 이웃 섬들을 정복하여 하와이의 패권을 잡게 된다.

하와이는 1810년 카메하메하 대왕에 의해 통일왕조가 수립된 후 근 100년 동안 왕정체제 하에 있었다. 하와이 왕실은 일찍부터 뉴잉글랜드 지역의 선교사들을 포함한 다양한 사람들을 왕실의 고문으로 임명하고 서구문물을 적극적으로 받아들였다. 이때 하와이 왕족들과 혼인을 한 백인 선교사 및 고문관들의 후손들이 지배계층의 한 축으로 등장하게 된다. 그 대표적인 인물이 찰스 비숍Charles Reed Bishop으로 영화 〈디센던트〉의 주인공 킹 가문의 선조로 각색되기도 하였다. 그는 하와이 왕족인 버니스 파우하니 파키Bernice Pauhani Paki와 결혼한 사업가로서 후에 비숍 박물관Bishop Museum과 카메하메하 학교Kamehameha Schools를 창립하였다. 비숍의 젊은 시절 친구인 윌리엄 리William Little Lee는 하버드 로스쿨을 졸업 후 1846년에 비숍과 함께 하와이에 왔다가 정주하게 되는데, 당시 하와이 왕이었던 카메하메하 III세의 법률고문관을 거쳐 하와이주 대법원장이 되었다. 그는 초창기 하와이주의 법률과 사법체계를 수립하는데 큰 역할을 하였다(Merry 2000: 3-4).

서구와의 활발한 교류로 하와이는 미국인 선교사, 고래 사냥꾼, 커피 재배자, 사탕수수 농장주들의 새로운 개척지가 되었다. 하와이 군도를 통일한 카메하메하 3세의 집권 30년이 하와이 왕조 역사상 가장 크게 번영한 시기로 산업이 근대화되고 문화·예술이 발전하였다. 1840년에는 신헌법을 제정하고 수도를 마우이의 라하이나Lahaina에서 호놀룰루로 천도하는 등 국가체제를 정비하였다. 카메하메하 3세 때까지 하와이의 최대 산업은 포경업으로 호놀룰루, 라하이나, 힐로, 코나를 중심으로 번성했으나, 어장의 고갈과 석유의 등장으로 쇠퇴하였다.

1840년대에 카메하메하 III세는 주도적으로 서구적 입헌군주제를 선포하는 등 근대화의 외형을 갖추는데 노력하였지만, 독자적인 전통문화와 공동체적인 토지사용의 관습은 유지되고 있었다. 입헌군주제의 도입과 더불어 그가 하와이 전통사회를 가장 크게 변화시킨

제도는 1848년에 실시한 토지개혁이다. 하와이 왕국에서는 새로운 왕이 들어서면 그가 모든 토지를 자신에게 귀속시켜서 하위의 부족장들에게 분배하는 등 토지 소유에 관한 규범이 영미의 절대적이고 배타적인 소유권 행사와는 차이가 있었다. 이 토지개혁의 핵심은 국왕이 왕실토지와 정부 토지를 나누고 부족장들과 일반인들에게 토지의 소유권을 갖게 하는 것인데, 그것은 당시 점증하는 제국주의 국가 주민들의 하와이 토지매입에 대항하는 측면도 강했다(Van Dyke 2007).

그러던 중 미국 본토의 골드러시로 미 서부지역의 인구가 급증하면서 하와이가 사탕수수 공급지로 주목을 받게 되고 사탕수수 농장이 빠르게 성장하였다. 사탕수수 농장은 1835년 카우아이 섬에서 시작되었지만, 1850년 하와이 왕국의 '주인과 하인 법Masters and Servants Act'이 제정되면서 섬 밖에서 대규모로 노동자를 모집할 수 있게 되었다. 사탕수수 플랜테이션이 경제의 중심이 되면서 각종 법률 수요 및 분쟁이 증가하였고, 이는 하와이에서 법률가 집단이 내부적으로 성장하고 본토로부터 백인 변호사들이 유입되는 계기가 되었다.

백인 사탕수수 농장주들이 최대수입국인 미국과의 결탁을 요구하면서 왕실과 백인 지주 간에 종종 권력투쟁이 발생하였고, 급기야 1893년에 하와이 거주 미국인들이 쿠데타를 일으켜 릴리우오칼라니 Liliuokalani 제8대 여왕으로부터 왕권 포기 서명을 받아낸 후 샌포드 돌Sanford Ballard Dole을 수반으로 하는 하와이 공화국(1894-1898)을 수립하였다. 이러한 일련의 역사적 과정을 통해 하와이 원주민 사회는 급격한 변화를 겪게 된다. 1778년 약 80만 명에서 100만 명으로 추산되던 하와이 원주민 인구는 1893년에는 4만 명으로 급감하는 등 하와이 원주민들은 외국인들이 가져온 질병으로 인해 치명적인 인구 붕괴를 겪었다.

1898년에 미국 정부는 미국 - 스페인 전쟁으로 하와이의 군사적 중요성을 인식하고 같은 해 8월 12일 합병안을 통과시켜 1900년 정식으로 합병하였다. 1900년 4월 하와이영토 합병 법률이 공포되었고 같은 해 6월에 하와이 영토정부가 설립되었다. 영토 정부의 최초의 주지사로는 돌이 임명되었고, 그 밖의 요직에는 하와이공화국의 관료가 취임하였다. 하와이에서 선교사의 아들로 태어나 자란 돌은 하와이말을 할 줄 알았고, 매사츄세츠주의 윌리엄스 대학Williams College을 졸업하고 변호사가 되었고, 1903년에는 미국 연방지방법원 판사로 임명되었다.

하와이를 미국의 영토의 일부에서 명확히 주로 확립하자는 움직임은 하와이 왕국의 카메하메하 3세 시대부터 몇 번이고 올라왔던 의견이었다. 1854년 친미파로 알려진 카메하메하 3세는 내부세력 및 유럽 열강의 압력으로부터의 보호를 위해 하와이 왕국을 아메리카의 하나의 주로서 병합하려 미국 정부와의 교류를 해왔으나 그의 사망 후 더 이상 진전되지 않았다. 미국연방의회의 종속적인 위치에 있다고 통감하던 하와이의 지도자층은 적극적으로 로비 활동을 하게 된다. 1934년 선출된 대의원 사무엘 킹에 의해 1935년 국립법안이 공식적으로 제출되어 하와이주 확립 승인 문제로 조사위원회가 조직되었다. 1940년에까지 주로 확립에 관한 주민투표를 하였고, 유권자의 3분의 2 이상이 주 확립을 희망하는 것으로 판명되었다. 1950년대에 들어와서 시민권 운동이 활성화되면서, 이를 활용하는 형태로 하와이 및 알래스카의 주 확립 운동이 일어나 1959년 3월 11일 연방상원의 찬성 76, 반대15로 가결, 연방하원의 찬성 323, 반대 89로 가결, 연방의회는 하와이를 주로 승격을 승인하였다. 드와이트·D·아이젠하워 대통령은 1959년 8월 21일, 선언서에 서명하며 공식적으로 아메리카합중국의 50번째 주로 인정되게 되었다.

1954년 하와이 민주당 혁명은 하와이제도에서 이루어진 무혈혁명으로 파업, 시위 등의 시민 불복종의 형태로 진행되었다. 노동조합이 성장하여 노동자들은 본토 수준의 임금과 혜택을 요구하였다. 이 파업은 사탕수수 농장의 권력을 약화시키고 빅5 회사의[1] 과점을 붕괴시켰다. 그것은 하와이에서 공화당의 장기집권을 끝낸 사건이었고 민주당 출신의 인사들로 교체되었다. 민주당은 1954년 선거를 통해 상하원 영토의회를 장악하게 되었고 그 이후 주지사 및 의회의 의석들을 지배하게 되었다. 특히 제2차 세계대전 중 미군에 입대했던 일본계 정착민 2세가 돌아오면서 농장 노동자의 일본인 자녀들을 중심으로 아시아계 민주당원들이 16명이나 하와이 주의회 양원에 당선되었다.

1959년 미국의 주로 승격되면서 해외로부터의 자본이 하와이로 유입되면서 빅5의 권력은 해체되었지만 하와이 경제를 관광업 같은 서비스 산업 중심으로 급격히 변화시키는 계기가 되었다.

1959년에는 항공기들이 취항하여 본토로부터 수많은 관광객들을 하와이로 실어 날랐다. 하와이가 글로벌 관광지로 부각하는데는 오

---

1 빅 5는 Castle & Cooke, Alexander & Baldwin, C. Brewer & Co., American Factors, 그리고 Theo H. Davies & Co.를 말한다.

랜 시간이 걸리지 않았다. 또한 미 육해공군 및 해병대의 기지들이 오아후 섬에 주둔하면서 군인들과 군관련 민간인 근로자의 월급에서 나오는 지출 역시 오아후 섬의 경제에 큰 영향을 미치고 있다. 군부대와 관련한 산업은 하와이에서 관광업 다음으로 비중이 높다. 오아후 경제의 23%를 군 관련 산업이 책임지고 있다.

② 하와이의 이민사

미국 본토의 골드러시로 미 서부지역의 인구가 급증하면서 하와이가 사탕수수 공급지로 주목을 받게 되고 사탕수수 농장이 빠르게 성장하였다. 1835년경 사탕수수가 커피를 대체하여 하와이 섬의 주된 농작물이 되었다. 이러한 변화는 카우아이Kauai 섬의 콜로아Koloa 커피 농장의 형성과 함께 이루어졌다. 이 시기 이후 사탕수수는 하와이 섬의 농작물 중에서 없어서는 안 될 가장 중요한 농작물이 되었으며, 하와이 경제를 대규모적이고 노동집약적인 농장 형태로 전환시켰다.

처음 하와이의 백인 사탕수수 농장주들은 계약 고용제로 하와이 원주민들을 사탕수수밭에 고용했다. 당시에는 설탕에 대한 수요가 낮았으므로 농장주들은 충분한 노동력을 얻을 수 있었다. 그러나 시간이 지남에 따라 하와이 원주민 인구의 감소와, 그들이 농장에서 일하는 것을 싫어함과 동시에 설탕에 대한 수요가 증가하자 노동력이 부족하게 되었다. 이러한 부족 현상은 1세기 이상 계속되었으며, 하와이의 사회 및 정체, 경제, 역사의 가장 핵심적인 요소로 영향을 미치게 되었다. 보다 많은 노동력을 찾기 위한 노력은 다른 나라로 까지 확대되었으며, 그 결과 33개국에서 4십만 명 이상의 이민 노동 자들이 충원되었다. 아시아에서는 중국과 일본으로부터 계약 노동 자들의 이민이 시작되었다. 하와이로 이민 온 7천 명의 한국인도 이 러한 이민 현상의 일부였다.

19세기 중반 노동력의 부족은 설탕 농장주와 하와이 정부로 하여 금 공동으로 외국 노동자를 구하기 위한 노력을 경주하도록 했다. 1850년에 농장주들은 해외에서 얻을 수 있는 노동력을 조사하고 농 장의 수익을 높이기 위해 '왕립 하와이 농업협동조합Royal Hawaiian Agricultural Society'를 설립했다. 그해 설탕 농장주와 계약을 맺고 하 와이에 들어올 수 있는 외국인들에게까지 계약 고용제가 확대됨으 로써, 법체계는 농장주가 원하는 대로 개정되었다. 그 법은 하와이 에서의 고용을 위해 해외에서 체결된 계약도 구속력을 가지며, 계약 을 파기했을 때는 수감할 수 있도록 했다. 이 계약노동제는 과거 식 민지 미국에서의 노예 계약제도와 비슷한 것이었다. 이러한 상황 발 전과 함께 설탕 농장주들은 하와이에서 가장 강력한 경제단체가 되 었다. 그들의 이러한 지위는 하와이가 미국에 합병된 후, 즉 계약노 동이 불법화되었던 1898년 이후까지 계속되었다. 그리고 그들의 이 러한 지위는 1세기 동안 백인 농장주들이 아시아계 이민들을 정치, 경제, 사회적으로 지배하게 되는 유산을 남겼다.

1) 아시아 이민의 시작

1852년 하와이 정부와 농장주들의 주선으로 293명의 광동 출신 중국인들이 처음으로 하와이에 도착하였다. 1830년내 후반 영국의 '총포외교'로 인해 중국은 무역을 위해 항구를 개방해야 했고, 아편전쟁(1839-1842)과 영국과의 전쟁(1856-1860)의 패배, 그리고 태평천국의 난(1850-1864) 등으로 인해 수백만 명의 중국 농민들이 치명적인 피해를 입었다. 이러한 상황에서 중국 정부는 계약 노동력 모집을 허용했고, 1882년까지 중국인은 하와이 인구의 거의 4분의 1을 차지했다. 해외노동자에 대한 절실한 탐색은 1864년 '노동자 수입과 이민 육성에 관한 법령Act to Provide for the Importation of Laborers and for the Encouragement of Immigration'이 통과된 이후에야 이루어졌다. 이 법안에 따라 이민을 감독하는 이민청Board of Immigration이 설치되었다.

1865년에 이르러서야 비로소 이 법에 따라 소수의 중국 노동자들이 하와이에 도착하기 시작했다. 대체로 농장주들은 중국인들을 조용하며 유능하고 일할 의욕이 있는 노동자들로 평가하며 좋아했다. 대량 중국인의 도착으로, 새로운 인종들의 유입이 계속되어 왔던 하와이 농장에 노동력 순환을 알리는 징후가 나타났다. 예를 들면, 중국인들은 처음에는 좋은 평가를 받았지만 나중에는 비난의 대상이 되었다.

1882년 미국이 중국인 배제법Chinese Exclusion Act을 통과시키고 1883년 중국인의 입국을 제한하는 첫 법률이 하와이에서도 통과되자, 농장주들과 하와이 정부에 대해 다른 곳으로부터 싼 노동력을 확보하도록 하라는 압력이 증가했다. 이러한 목적을 달성하기 위하여 결국 설탕 농장주들은 하와이 정부에 싼 노동력을 충분히 공급해 주도록 요구하는 압력단체로서 '하와이 설탕 농장주 조합The Hawaiian

Sugar Planters' Association: HSPA'의 전신인 '농장주의 노동공급회사 Planters Labor and Supply Company'를 조직하게 되었다.

하와이로 이민할 수 있는 중국인의 수가 법적으로 제한되었고, 비싼 비용 때문에 포르투갈인들의 유입 역시 일시적으로 중단되자, 칼라카우아Kalakaua 왕의 지원으로 농장주들은 중국인을 대신할 가장 적절한 인종으로 일본인을 생각하게 되었다. 이는 단일 인종이 노동력을 독점하지 못하도록 하는 농장주들의 인종 혼합 정책의 시작이라고 할 수 있다.

일본으로부터의 첫 체계적인 이민은 1885년에 시작되었고, 1890년에는 12,000명으로 늘어나 당시 가장 큰 노동이민 집단인 중국인의 수에 육박하였다. 앞서간 중국인들처럼 대부분의 일본인들도 하와이에서 돈을 빨리 벌어 단기 체류 후에 곧 고국으로 돌아갈 생각이었다. 그러나 그들도 중국인들과 마찬가지로 약해져만 가는 고국과의 연결고리, 하와이의 상쾌한 기후, 그리고 고국으로 돌아갈 차비를 마련할 만큼 저축을 하기 어려운 상태에서 결국 하와이에 계속 눌러앉게 되었다. 그러다가 상황이 바뀌자 일본인들은 중국인들처럼 농장을 서둘러 떠났으며 심지어 중국인들보다 더 빨리 다른 직종으로 발을 들여놓았다.

하와이 왕국은 사탕수수 농장 노동자들의 파업을 허용하지 않았다. 그러나 노동자의 다수인 일본인들은 단합하여 자주 일을 거부했기 때문에 사탕수수 농장주들은 어려움을 겪곤 했다. 1890년부터 1897년까지 일본인 노동자들은 29번이나 일하기를 거부했다. 사탕수수 농장의 입장에서는 다수인 일본인 노동자들의 횡포를 가만히 보고만 있을 수 없었다. 1895년에 사탕수수 농장주들은 농장노동자

공급회사Planter's Labor & Supply Company: PLSC를 계승하는 하와이 사탕수수농장주협회Hawaii Sugar Planters' Association: HSPA를 조직하고 사탕수수 산업 진흥을 위하여 상부상조하면서 다른 외국인 노동자를 찾기 시작했다.

　HSPA는 1896년 조선을 첫 상대국으로 지목하고 여러 차례 한인의 이민을 시도하였지만 아무런 성과를 얻지 못했다. 그로부터 2년 뒤인 1900년부터 적용된 미국법은 노동자들이 이미 노동계약으로 미국에 입국하는 것을 금지하였고, 따라서 '하와이 왕국'에서 시행했던 이민 방식의 노동계약으로는 이민자들이 하와이에 입도할 수 없게 되었다. 1900년 12월 말부터 1901년 말까지 하와이 영토에는 약 6천 명의 푸에르토리코인이 도착했다. 1898년 미국과 스페인 전쟁의 결과로 스페인의 식민지였던 푸에르토리코가 미국에 속하게 되었기 때문에 이들은 '이민'이라기보다는 '이주' 형식으로 하와이 영토에 오게 되었다(이덕희 2015: 15-16).

　사탕수수 농장에 푸에르토리코인이 유입된 후에도 하와이 사탕수수농장주협회는 여전히 다른 외국인 노동자들의 이민을 타진하고 있었는데, 그 와중에 주한 미국공사 호레이스 알렌Horace N. Allen과 접촉하게 되었다. 알렌은 1897년에 주한 미국공사가 되었고, 1902년 3월 하와이에서 HSPA 관련자들에게 한인이민 주선을 약속했다. 알렌은 고종황제에게 한국에 이민국을 설치하여 미국의 경제적 이익을 지원하는 것이 일본 제국주의에 맞서 한국의 독립을 유지하고 기근, 콜레라 전염병, 무력 분쟁의 영향으로 고통받는 한국인들을 경제적으로 구제하는 데 도움이 될 것이라고 설득했다. 이러한 알렌의 노력으로 마침내 1902년 11월 15일 미국인 사업가 데쉴러David W.

Deshler가 한인이민 업무 허가를 받았다. 일찍이 데쉴러는 미국대통령 맥킨리와 친분관계를 갖고 있는 계부를 통해 알렌을 주한 미국공사가 되도록 도와주어, 이 둘은 상부상조하는 밀접한 관계였다.

2) 한인이민사

하와이로의 체계적 이민이 시작하기 이전에 하와이에 도착한 한국인으로는 몇 명의 한국인 학생들과 외교관들이 있었다. 그들 중에 서재필, 서광범, 유길준, 윤치호, 안창호, 민영환, 김규식도 포함되어 있었다. 한국인이 처음으로 하와이에 상륙한 기록은 1896년 5월에 상륙한 '금'이라는 성을 가진 두 명인데, 그들은 직업을 '상인'이라고 기록했다. 그들은 아마 중국에서 온 인삼 장사였는지도 모르며, '김'이라는 성의 다른 표현인지도 모른다. 그 뒤를 이은 상인은 '박'으로 기록되어 있으며, 2년 뒤인 1898년에 도착했다.

대규모 한국이민이 시작된 것은 1903년 1월 13일 한인 102명을 태운 상선 갤릭Gaelic호가 호놀룰루에 도착한 것이 최초라고 기록되어 있다. 최초의 한인 이민단은 기차를 타고 오아후섬 북쪽에 위치한 와이알루아Waialua 농장의 모쿨레이아Mokuleia 캠프로 이동해 여장을 풀었다. 두 번째로 도착한 배에서는 64명의 한인이 내렸는데, 이들은 오아후 북쪽이 있는 카후쿠Kahuku 농장에서 일하게 되었다.

한국인들이 하와이로 이민 간 초기 6개월 동안(1902년 12월~1903년 5월)까지 450명의 남자와 60명의 여자, 그리고 60명의 어린이로 구성된 약 6백 명의 한인들이 하와이섬으로 들어왔다. 그 후 법적 분쟁으로 이민이 일시적으로 중단되었다가 같은 해 8월 말에 이민이

재개되었을 때 약 6백여 명의 한국인들이 추가로 도착하여 1903년에 입국한 한국인 이민의 총수는 1천2백 명에 다다랐다. 1903년 한 해 동안 일본인과 한국인의 이민 비율은 3대 1이었다. 1904년에는 한국인 이민 수가 증가하기 시작했으며, 그해 첫 6개월 동안 약 1천5백 명의 한국 이민의 입국이 기록되었다. 그리고 1904년 하반기의 6개월 동안에 한국인의 도착이 2천 명으로 늘어나 일본인 대 한국인의 비율은 거의 비슷하기에 이르렀다. 마침내 1905년 1월에서 6월까지 한국인 이민의 마지막 6개월 동안에 2천8백 명 이상의 한국인이 도착했는데 이 숫자는 일본인 이민 숫자와 비슷했다(웨인 패터슨 2002: 156).

그로부터 1905년 7월초까지 2년 반 동안 총 7,843명(남자 6,701명, 여자 677명, 미성년자 465명)이 하와이에 도착하였다. 이민 1세들은 대부분 노동자들로 불볕더위와 장시간 노동, 저임금(1일 10시간 노동에 68센트)의 악조건에도 불구하고 성실함과 끈기를 발휘해 지역사회에 성공적으로 정착하였다. 초기 이민자 대부분이 남성이었기 때문에 이들의 혼인을 위해 1910년부터 1924년까지 약 950명의 사진 신부가 하와이로 이주하였다. 1930년대 한인사회 문맹률을 0.1%로 끌어내려 소수민족 중 가장 성공했다고 지역사회에서 평가되었다.

앞에서 살펴본 바와 같이, 2년 반 동안에 한국인 이민 비율이 꾸준히 상승했고, 최고조에 달했을 때는 일본인 이민자 수만큼이나 많은 한국인들이 하와이로 입국했다. 이 숫자는 대단한 성공을 말해주고 있었다. 더군다나 일본인 이민이 1885년 이후 꾸준히 진행되어 왔고 한국인 이민은 이제 막 시작했다는 점을 감안할 때 더더욱 대단한 성공이었다. 이는 또한 하와이 사탕수수 농장주 조합이 일본인 노동자들의 수적 우세를 견제하기 위한 목적으로 한국인들을 모집해왔었는데, 한국인의 숫자가 증가한 것은 그들이 한국인 노동자들에게 만족하고 있음을 보여주는 것이기도 했다.

하와이로 이주한 한국인 이민들은 하와이에 먼저 온 일본인, 중국인들과 비교할 때 현저히 달랐다. 1903년과 1905년 사이에 하와이로 이주한 7천 명의 한국인들의 가장 중요한 특징은, 농촌 출신이 아니라 거의 대부분이 도시 출신이라는 점이다. 한국 이민 중 과반수는 그 당시 한국에서 가장 도시화된 지역이라고 할 수 있는 서울, 수원, 인천 출신들이었으며, 나머지 과반수는 기타 도시에서 온 사람들이었다. 이러한 인적 분포는 동서개발회사의 지사의 위치와도 관련이 있다. 많은 이민들이 기독교인이었고, 외국인 선교사들이나 본국의 기독교인 개종자들도 거의 모두가 도시에 집중되어 있었다. 한국 이민들의 사회적인 특징은 그들의 출신 지역과 직업만큼이나 다양했다.

1909년에 발간된 신한국보에 나오는 기사와 광고에는 양복점, 여관, 모자 세탁소, 약방, 출판인쇄업, 식료품점, 시계 수리점 등의 광고가 실렸다. 또 당시 한인 디렉토리 1910년판에는 양복점(5명), 목수(2명), 상점직원(9명), 여관업(2명), 식료품점(2명), 농장 서기(6명), 잡화점(4명), 막노동자(5명), 제조업(1명), 세탁소(1명), 요리사(3명), 구두제조(1명), 꽃방(1명), 정원사(2명), 신문사, 교사, 목사 등 전문인(8명) 등 56명이 수록되어 있다.

한인 이민자들은 마을에 정착하면서 마을의 질서를 유지하기 위해 동회를 조직하고 동장을 두었다. 이 외에 동포의 생활향상을 위하여 1903년 8월 초에 신민회를 조직하였다. 신민회는 1903년 8월에 감리교인들과 교육을 받은 이민들이 민족적 단결과 고국 정부의 개혁과 계몽을 목적으로 조직했다.

국민회가 조직된 1909년에 하와이에는 4,500여 명의 한인이 살고 있었다. 1905년 8월까지 하와이에 온 7,400여 명의 한인 중에서 약 2,000명은 미주 본토로 이주했고, 약 1,000명은 귀국하였기 때문이다. 1910년 미국인구 조사에 의하면 하와이의 한인 수는 4,533명이었고, 미주 대륙에 462명의 한인이 13개 주에 흩어져 있었다. 하와이 한인 4,533명 중에는 하와이에서 출생한 362명의 미국시민 아이들이 있었고, 한국 출생 1,525명이 하와이섬에, 1,024명이 오아후섬에, 873명이 카우아이섬에, 728명이 마우이섬에, 7명이 라나이섬에, 15명이 몰로카이섬에 있었다. 한인 인구는 3,931명의 남성과 602명의 여성(어린아이 포함)으로 약 7:1이라는 비정상적인 남녀 성 비례를 유지하고 있었다.

사탕수수 농장에 고용된 한인 노동자의 수가 1905년에 4,839명이었는데, 1906년부터 매해 감소하여 1910년에는 1,705명밖에 되지 않았다. 에바Ewa 농장이 가장 규모가 컸으며, 거기에는 한인 노동자 500명 정도가 있었다. 농장을 떠난 많은 이민들은 도시에서 직업을 갖기 시작했다. 와히아와Wahiawa, 스코필드 병영Scoffield barrack에는 세탁소, 한인타운이 형성되었다. 한인으로서 최초의 하와이 한인에 대한 보고서를 쓴 사람은 윤치호였다. 고종황제의 지시로 하와이 한인들의 생활실태를 돌아보기 위해 하와이를 방문한 윤치호는 1905년 9월 8일부터 10월 3일까지 약 한 달 동안 오아후, 카우아이, 마우이, 하와이섬에 흩어져 있는 32개 사탕수수 농장을 시찰했고 약 5천 명의 한인들을 만났다(이덕희 2015: 34).

당시 하와이에는 장로교 교단이 아직 설립되어 있지 않았기 때문에 (1960년도에 설립) 한인의 장로교회가 조직될 수 없었다. 따라서 초기 한인 이민자들 중 한국에서 장로교회를 다닌 교인들도 하와이에서는 감리교회에 다니게 되었다. 특히 1910년 말에 하와이섬, 마우이섬, 오아후섬, 카우아이섬에 18개의 한인 감리교회가 설립되어 있었으며 총 1,097명의 교인이 있었다. 그 중 연합감리교회(1903)가 가장 규모가 크다. 한인 총인구의 24%라 감리교회 교인이었으며, 한인 감리교인이 하와이의 전체 감리교인(백인과 일본이 포함한 1,461명)의 75%를 차지하였다. 감리교 이외에, 1904년 여름에 하와이섬 코할라 Kohala 지역에서 한인 성공회 교인들이 예배를 보기 시작했고, 1905년에는 호놀룰루에 한인 성공회 교회가 설립되었다. 한인들은 감리교 교회와 성공회 교회뿐만 아니라, 1906년에는 구세군 군영에도 다녔다. 대부분의 사탕수수농장은 하와이에 정착한 백인 선교사들의 자제들이 소유, 운영하고 있었다. 기독교인 농장주들은 기독교인 노동자들에게 우호적이었고, 또한 교인 노동자들이 비기독교인들에 비해 온순하고 성실한 노동자인 것을 감지했기 때문에 교회 설립에 적극적이었고 재정적으로 많은 도움을 주었다.

호놀룰루의 한인들은 시내에서 1901년부터 운행되고 있던 전차를 이용했다. 그리고 호놀룰루에서 에바, 와이파후, 와이알루아, 카후쿠까지는 기차를 이용해서 왕래했다. 이 기차는 사탕수수 운반을 위해 1889년부터 운행하기 시작했고 1898년까지 점차 모든 사탕수수 농장을 연계했다. 1909년 2월에는 동포들의 교육과 실업을 장려하여 민족의 실력을 배양할 것을 목적으로 '대한인국민회'가 조직되었다.

하와이 한인사회의 지도자이자 독립운동의 주역 중 한 명이었던 이승만과 박용만의 갈등이 단초가 되어 국민회와 동지회의 대립과 분열이 지속되었다. 면담 중에 한 변호사로부터 말하기를, 그의 부모님의 약혼식 때 하객 중에 동지회 쪽 사람들과 국민회 쪽 사람들이 정치적으로 언쟁을 하다가 재떨이를 던지면서 싸움이 붙었다는 일화도 있다(인터뷰 #12).[2]

한인사회가 국민회파와 동지회파로 분열되어 있다가 기성세대의 파벌싸움에 염증을 느낀 청년들과 세력 갈등에 불만을 가진 그룹들이 통일운동을 추진하였다. 1959년부터 2세 청년들이 국민회에 입회하기 시작하여 1959년 말에는 약 50명의 청년회원들이 있었다. 청년회원들이 새로이 와이키키 지방회를 조직하였다. 이들 중에는 법률가, 목수, 배관공, 전기사, 측량사 등 각 분야의 전문인이 있었다.

1981년에 창립된 하와이 한인회는 하와이 한인사회를 대표하는 단체이다. 한인들을 위한 복지확충, 민원센터와 비즈니스 지원센터 운영, 문화회관 건립추진, 청소년 장학사업 등을 수행하고 있다. 한인회가 주관하는 가장 큰 기념일은 첫 한국이민이 하와이에 도착한 1월 13일로서 매년 이 날을 '한인의 날'로 정하고 성대한 기념식을 거행한다. 하와이 이민사 100주년이 되는 2003년에는 열린 이민 100주년 기념행사를 위해 하와이 한인회는 200만 불을 모금하였고, 한국정부가 100만 불을 지원하였다.

하와이 한인회를 둘러싼 논란이 없었던 것은 아니었다. 한인회관 건립기금의 사용문제로 회장에 대한 불신임결의가 있었고, 한인회장 선거결과 후보자들의 대립으로 2015년에는 '호놀룰루 한인회'라

---

2 이 글에서 직접 인용되는 피면접자의 이름은 모두 가명이고, 각각 전체 면접자 중 해당 일련번호로 구별하였다.

사진 3.1 한인회 및 총영사관 주최 3.1절 기념행사

는 별개의 한인 단체가 만들어져 대립하여 분규단체로 지정되었다
가 2022년에 분규단체 지정이 해제되었다.

③ 인종 및 종족 구성

　하와이 사람들은 피부색과 같은 외형적 특징보다도 문화적 특징
에 의해 집단을 구분하는 경향이 더 많다. 하와이의 유색인종 간에도
종족성 특징에 의해 정체성을 구분한다. 하와이에서 가장 높은 비중
을 차지하는 백인들도 피부색보다는 문화적 차이에 의해 구분한다.
백인을 로컬의 하나로 인정하지 않는 것도 피부색 때문이라기보다는
피진 영어를 구사하지 않는다는 등의 문화적 이유 때문인 경우가 많
다. 이런 이유 때문에 아시아계 미국인들이 집단적인 정체성을 갖고
서로간의 유대를 형성하는 일이 많지 않았다(Okamura 2008: 6-7).

1) 하와이 인구의 역사적 변천

〈표 3.1〉은 시기별 하와이로 유입된 이주노동자의 종족구성을 나타내주고 있다. 중국인들과 남태평양 지역에서 1850년대부터 유입되고 시작하였고, 대부분 남성들로 구성되어 있다. 그 이후 포르투갈에서

표 3.1 하와이로 유입된 이주노동자의 종족구성, 1852-1946

종족	도착시기	수	남성 비율	아이 비율
중국인	1852-85	28,000	89	5
남태평양 섬 주민	1859-84	2,500	87	11
포르투갈인	1878-86	10,700	57	46
	1906-13	5,500	60	43
노르웨이인	1881	600	84	20
독일인	1881-88, 1897	1,300	72	36
일본인	1868, 1885-97	45,000	82	1
	1898-1907	114,000	82	1
갈리시아인	1898	370	83	25
푸에르토리코인	1900-01, 1921	6,000	60	46
흑인	1901	200	68	NA
한국인	1903-05	7,900	90	6
러시아인	1906, 1909-12	2,400	70	26
스페인인	1907-13	8,000	56	39
필리핀인	1907-32	119,000	92	5
	1946	7,300	93	12
사모아인	1919, 1952	NA	NA	NA
베트남인	1975-79	3,463	51	48

- Key: NA = 자료 없음
- Note: "남성 비율"은 어린이를 제외한 성인남성의 비율임.
  1898년에 갈리시아는 폴란드의 일부였음.
  "South Pacific Islanders" 출신들의 대부분은 현재의 키리바티에서 옴.
- Source: Lind(1980, 37; 1982, 12); Nordyke(1989, 91, 253); U.S. Census(1902, 573; 1922, 1180; 1983, 13, 66).

1만 명 이상 유입되고 일본으로부터의 대규모 이민이 19세기 말과 20세기 초에 이루어졌다. 이후 1900년대에 한국과 필리핀인들이 유입되면서 현재 하와이 주민의 대다수를 이루는 종족적 구성이 형성되게 되었다. 한국의 초창기 이민(1903-05)은 압도적으로 남성 중심이었다.

〈표 3.2〉는 시대별로 하와이의 인구구성을 인종, 종족별로 분석한 표이다. 이것을 보면 하와이 원주민의 수는 점차 줄어들고 혼혈 하와이안의 수는 늘어나고 있다. 1910년에 하와이의 총인구는 약 20만 명으로 42%의 일본인, 23%의 백인(포르투갈인 포함), 20%의 하와이 원주민, 11%의 중국인, 2.4%의 한국인, 그리고 1.1%의 필리핀인으로 구성된 다민족 사회가 되었다. 백인의 숫자는 계속 증가하고 있으나 포르투갈로부터의 이민은 1930년 이후 나타나지 않고 있다. 중국, 일본, 한국, 필리핀 출신은 이민이 시작된 1850년부터 2010년까지 꾸준히 증가해 왔음을 알 수 있다.

표 3.2 하와이의 다민족 분포상황

	1853	1878	1884	1890	1900	1910
하와이안	70,036	44,088	40,014	34,436	29,799	26,041
혼혈 하와이안	983	3,420	4,218	6,186	9,857	12,506
백인	1,687	3,748	16,579	18,939	26,819	44,048
포르투갈인	87	486	9,967	12,719	18,272	22,301
기타 백인	1,600	3,262	6,612	6,220	8,547	21,747
중국인	363	6,045	18,254	16,752	25,767	21,674
일본인	0	0	116	12,610	61,111	79,675
한국인	0	0	0	0	0	4,533
필리핀인	0	0	0	0	0	2,361
기타	67	684	1,397	1,067	648	1,071
합계	73,137	57,985	80,578	89,990	154,001	191,909

	1920	1930	1940	1,950	1960	2010
하와이안	23,723	22,636	14,375	12,245	11,294	80,337
혼혈 하와이안	8,027	28,224	49,935	73,845	91,109	0
백인	54,742	80,373	112,087	124,344	202,230	0
포르투갈	27,002	27,588	0	0	0	0
기타 백인	19,708	3,262	0	0	0	0
중국인	23,507	27,179	28,774	32,376	38,197	54,955
일본인	109,274	139,631	0	184,598	203,455	185,502
한국인	4,950	6,651	6,851	7,030	0	24,203
필리핀인	21,031	63,052	52,569	61,062	69,070	197,497
기타	658	780	834	4,269	17,417	481,208
합계	255,912	368,336	423,330	499,769	632,772	1,360,301

한국인의 경우 센서스 통계에는 2010년 현재 약 25,000명으로 기록되어 있으나 통상 5만 명의 교민사회가 형성되어 있다고 알려져 있다. 센서스 자료로는 한인인구는 대체로 하와이 전체인구의 2% 정도로 유지되어 오고 있다.

2) 최근 인구구성

〈표 3.3〉은 미국 센서스국의 '미국커뮤니티 조사(2011-2015)'에 나타난 하와이주의 인종 및 종족 구성이다. 백인(43%)이 가장 높은 비율로 거주하고 있지만 전체 인구의 절반을 넘지 않는다. 다음으로는 필리핀인(25%), 일본인(22.1%), 하와이 원주민(21/3%), 중국인(14.1%), 아프리카계 흑인(3.5%), 한국인(3.4%)의 순으로 나타난다. 한국, 중국, 일본 이외의 아시아계로는 베트남인(1%)과 오키나와인(0.5%)이 눈에 띤다. 오키나와계 일본인은 하와이 내에서 자신들 고유의 정체성을

표 3.3 인종/종족별 인구추계 및 비율

단일인종 혹은 결합인종 [1]	인구		가계 [2]	
	인구 추정치	비율	가계 추정치	비율
총 인구수	1,406,299	100.0%	450,572	100.0%
백인White	604,474	43.0%	203,877	45.2%
필리핀인Filipino	352,100	25.0%	73,578	16.3%
일본인Japanese	310,595	22.1%	101,734	22.6%
하와이원주민Native Hawaiian	299,451	21.3%	69,217	15.4%
중국인Chinese	197,905	14.1%	53,203	11.8%
흑인 및 아프리카계 미국인 Black or African American	48,863	3.5%	13,932	3.1%
한국인Korean	47,394	3.4%	13,360	3.0%
사모아인Samoan	35,554	2.5%	5,824	1.3%
미국 원주민 및 알래스카 원주민 American Indian and Alaska Native	32,989	2.3%	9,231	2.0%
베트남인Vietnamese	13,373	1.0%	3,899	0.9%
마셜제도인Marshallese	9,215	0.7%	1,202	0.3%
오키나와인Okinawan	6,821	0.5%	2,027	0.4%
괌인 및 차모로인Guamanian or Chamorro	6,570	0.5%	1,423	0.3%
통가인Tongan	6,241	0.4%	915	0.2%

[1] 하나보다 많은 인종으로 대답한 사람들은 각 인종의 범주에 모두 계산되었으므로 "단일인종 혹은 결합인종" 범주의 개별 인종 합계는 총 인구나 가계보다 더 많을 수 있음.
[2] 가계의 인종은 가주의 인종으로 결정됨.

유지해 오고 있다. 별도의 문화센터Okinawa Center를 갖고 있으며 매년 오키나와 페스티벌Okinawa Festival을 개최하고 있다. 전 하와이주 주지사인(2014-2022) 데이비드 이게David Ige는 미국 최초로 오키나와계로 주지사에 당선되었고 연임에 성공하였다.

2010년과 2020년의 미국 센서스 자료를 비교해 보면, 현재의 인구 구성 상의 약간의 변화가 감지된다. 2010년 인구조사에 의하면 하와이주의 전체 인구는 137만여 명으로, 미국의 50개 주 중 40위에 해당하였다. 그 중 아시아계(38.6%), 백인(24.7%), 하와이 원주민(9.95%)의 순으로 분포하고 있으며, 백인이 소수이고 아시아계가 가장 많이 살고 있는 주이다. 아시아계 중에서 가장 많은 숫자는 필리핀계(14.5%), 일본계(13.6%), 중국계(4.03%)의 순이다. 지난 10년간 일본계와 중국계의 수는 줄어들고 백인과 필리핀계의 인구는 증가한 것으로 파악되었다(Department of Business, Economic Development & Tourism 2021). 단일 인종이라고 답한 집단에서 동 기간 동안의 인구증가율을 보면, 하와이 원주민 및 기타 태평양지역에서 온 사람들이 16.3% 이상 증가하고 백인의 인구가 1% 가량 감소한 반면 아시아인의 증가는 3.2%에 머물고 있다(〈표 3.4〉 참조).

〈표 3.5〉는 2000년과 2010년 센서스 자료를 통해 살펴본 주요 아시아계 거주민의 분포이다. 이 시기 동안 전체 인구 증가율(9.2%)과 비교할 때 아시아인의 인구는 2.9% 증가에 머물렀다. 하와이로의 이민의 역사가 오래된 일본과 중국의 경우 단일 인종 기준으로 볼 때 숫자가 순감소하였고 한국인 역시 600여명 증가한 것에 불과하였다. 반면 캄보디아인(97.4%), 인도(52.7%), 태국(59.3%), 인도네시아(36.6%) 등 동남아시아 국가로부터의 인구증가율이 높아지고 있음을 알 수 있다. 이렇게 보면 하와이에서 아시아계 민족 중 전통적으로 다수를 차지해왔던 일본계와 중국계의 지배력이 머지않아 약화될 가능성이 있다.

표 3.4 주요 인종별 인구 차이

대상	2010년 인구조사		2020년 인구 조사		단일 인종1/ (2010년과 2020년의 차이)		단일 혹은 결합 인종2/(2010년과 2020년의 차이)	
	단일 인종1/	단일 혹은 결합 인종2/	단일 인종1/	단일 혹은 결합 인종2/	수	%	수	%
총 인구	1,360,301	1,360,301	1,455,271	1,455,271	94,970	7.0	94,970	7.0
백인	336,599	564,323	333,261	609,215	-3,338	-1.0	44,892	8.0
흑인 혹은 아프리카계 미국인	21,424	38,820	23,417	46,783	1,993	9.3	7,963	20.5
미국 인디언 및 알래스카 원주민	4,164	33,470	4,370	41,528	206	4.9	8,058	24.1
아시아인	525,078	780,968	541,902	824,143	16,824	3.2	43,175	5.5
하와이 원주민 및 기타 태평양 제도민	135,422	355,816	157,445	394,102	22,023	16.3	38,286	10.8
기타 인종	16,985	34,199	26,747	63,917	9,762	57.5	29,718	86.9

1/ 다음 여섯 항목 중 하나임: (1) 백인 (2) 흑인 혹은 아프리카계 미국인 (3) 미국 인디언 및 알래스카 원주민 (4) 아시아인 (5) 하와이 원주민 및 기타 태평양 제도민 (6) 기타 인종. 만약 응답자가 같은 주요 인종 항목 안에서 두 가지 혹은 더 자세한 인종들을 선택했다면, 그는 그 주요 인종의 "단일 인종" 항목 하에 계산되었다. 예를 들어, 응답자가 일본인과 중국인을 선택했다면, 그는 아시아인 "단일 인종" 항목 하에 계산되었다.

2/ 각주 1에 열거된 6가지 항목 중 한 가지 혹은 더 많은 항목들의 단독 혹은 결합됨. 개개인들의 인종이 한 가지보다 많을 수 있기 때문에, 6가지 항목의 수는 전체 인구수보다 더 많은 수로 합해질 수 있으며, 6가지 백분율은 100%보다 더 많게 합해질 수 있다. 예를 들어, "미국 인디언 및 알래스카 원주민 및 아시아인 및 하와이 원주민 및 기타 태평양 제도민"을 나타내는 사람은 미국 인디언 및 알래스카 원주민, 하와이 원주민 및 기타 태평양 제도민에 포함된다.

Source: U.S. Census Bureau, 2010 Census Redistricting Data (Public Law 94-171) Summary File (February 2011); calculations by the Hawaii State Department of Business, Economic Development &Tourism, Hawaii State Data Center

표 3.5 선택된 세부 아시아 인종 기준 인구 차이: 2000년 및 2010년

대상	2000년 인구조사		2010년 인구조사		단일 인종 (2000년과 2010년 사이의 차이)		단일 혹은 결합 인종(2000년과 2010년 사이의 차이)	
	단일 인종[1]	단일 혹은 결합 인종[2]	단일 인종[1]	단일 혹은 결합 인종[2]	수	%	수	%
전체 인구	952,194	1,211,537	1,039,672	1,360,301	87,478	9.2	148,764	12.3
전체 아시아인 인구	[3]469,180	814,181	[3]482,873	941,039	13,693	2.9	126,858	15.6
필리핀인	170,635	275,728	197,497	342,095	26,862	15.7	66,367	24.1
일본인	201,764	296,674	185,502	312,292	-16,262	-8.1	15,618	5.3
중국인[4]	55,823	169,747	53,963	198,711	-1,860	-3.3	28,964	17.1
한국인	23,537	41,352	24,203	48,699	666	2.8	7,347	17.8
베트남인	7,867	10,040	9,779	13,266	1,912	24.3	3,226	32.1
아시아 인도인	1,441	3,145	2,201	4,737	760	52.7	1,592	50.6
태국인	1,259	2,284	2,006	3,701	747	59.3	1,417	62.0
라오스인	1,842	2,437	1,844	2,620	2	0.1	183	7.5
대만인	777	1,056	898	1,161	121	15.6	105	9.9
캄보디아인	235	330	464	705	229	97.4	375	113.6
인도네시아인	292	709	399	990	107	36.6	281	39.6

[1] 한 가지 인종을 선택했으며 그것이 "아시아인" 인종인 사람. "아시아인"은 극동, 동남아시아, 혹은 인도 아대륙 출신의 사람들에게서 뿌리를 찾는 사람들을 말한다.

[2] 한 가지 인종을 선택했거나 두 가지 이상의 인종을 선택했으며, 그 중 한 인종이 "아시아인" 인종인 사람.

개개인이 한 가지 이상의 세부 아시아인 인종일 수 있기 때문에, 세부 아시아인 인종 집단의 수는 전체 아시아인 인구보다 더 많은 수로 합쳐질 수 있으며, 퍼센트의 합이 100를 넘을 수 있다. 예를 들어, "필리핀인 및 일본인 및 라오스인"임을 나타내는 사람은 필리핀인, 일본인, 그리고 라오스인 항목에 포함된다.

[3] 집계 방식의 차이가 있으므로 표 1.33의 5가지 주요 인종에 있는 "아시아인"의 총 수와 일치하지 않음.

[4] 태국인을 제외함.

Source: U.S. Census Bureau, Census 2000 Summary File 1 Hawaii (July 25, 2001) and 2010 Census Summary File 1 (June 16, 2011); calculations by the Hawaii State Department of Business, Economic Development and Tourism, Hawaii State Data Center.

인종별 출생지와 이민지위를 살펴보면 하와이 원주민, 일본계(오키나와계 포함), 중국계는 하와이 출생자 비중이 압도적으로 높은 반면 하와이 밖으로부터의 유입은 거의 없는 수준이다. 이에 비해 베트남계, 한국계, 필리핀계의 경우 하와이 출신 못지않게 새로이 이민자로 유입되는 비중이 높다. 반면 백인의 경우 미국 본토에서 유입된 비중이 절반을 넘어선다(〈표 3.6〉 참조). 그들 중 대부분은

표 3.6 인종별 출생지와 시민권

단일인종 혹은 결합인종	출생지와 시민권(인종간 인구 총합의 비율)			
	하와이 출생	미국 다른 주 또는 미영토 출생1/	외국 출생, 귀화한 시민	외국 출생, 미국 시민 아님
총 인구수	53.8%	28.4%	10.1%	7.6%
백인White	44.7%	50.6%	2.4%	2.3%
필리핀인Filipino	60.4%	7.6%	20.6%	11.4%
일본인Japanese	84.7%	7.3%	3.2%	4.8%
하와이 원주민Native Hawaiian	93.3%	6.3%	0.2%	0.2%
중국인Chinese	76.6%	7.3%	11.3%	4.7%
흑인 및 아프리카계 미국인 Black or African American	25.2%	69.8%	3.4%	1.6%
한국인Korean	54.3%	11.1%	24.9%	9.8%
사모아인Samoan	64.8%	28.4%	3.7%	3.1%
미국 원주민 및 알래스카 원주민 American Indian and Alaska Native	51.9%	45.9%	1.0%	1.1%
베트남인Vietnamese	29.9%	12.1%	42.9%	15.1%
마셜제도인Marshallese	35.0%	3.8%	2.1%	59.2%
오키나와인Okinawan	88.5%	9.2%	2.1%	0.3%
괌인 및 차모로인 Guamanian or Chamorro	51.2%	45.9%	2.5%	0.4%
통가인Tongan	54.7%	12.6%	11.8%	20.9%

1/ 외국 출생이나 미국 시민인 부모에게서 태어난 경우를 포함함.

군인 및 가족들이었지만, 타지역에서 이주하는 민간인의 비중도 많이 늘고 있는 것으로 나타났다. 특히 마우이 섬과 카우이 섬으로 이주하는 백인의 경우 소득수준이 매우 높은 사람들로 나타나고 있다.

　카운티 기준으로 볼 때 대부분의 인구는 호놀룰루 시 및 호놀룰루 카운티에 밀집하고 있다. 그것은 모든 인종이 있어서도 마찬가지였다. 하와이 원주민 및 기타 태평양 제도 출신인의 경우 상대적으로 하와이 카운티에 거주하는 숫자가 많은 편이다(〈표 3.7〉 참조).

표 3.7 인종 및 히스패닉 출신, 군(카운티) 기준, 2010

인종 및 히스패닉 출신	주 총합	호놀룰루 시 및 군	하와이 군	카우아이 군	마우이 군[1/]
총	1,360,301	953,207	185,079	67,091	154,924
단일 인종	1,039,672	740,171	130,544	50,375	118,582
백인	336,599	198,732	62,348	22,159	53,360
흑인 혹은 아프리카계 미국인	21,424	19,256	1,020	278	870
미국 인디언 및 알래스카 원주민	4,164	2,438	869	254	603
아시아인[2/]	525,078	418,410	41,050	21,016	44,602
하와이 원주민 및 기타 태평양 제도민[3/]	135,422	90,878	22,389	6,060	16,095
기타 인종	16,985	10,457	2,868	608	3,052
2가지 이상 인종	320,629	213,036	54,535	16,716	36,342
단일 인종 혹은 1가지 이상 인종과 결합 [4/]					
백인	564,323	350,690	101,344	34,166	78,123
흑인 및 아프리카계 미국인	38,820	32,780	2,975	789	2,276
미국 인디언 및 알래스카 원주민	33,470	20,482	7,210	1,876	3,902
아시사인	780,968	590,926	82,944	34,270	72,828
하와이 원주민 및 기타 태평양 제도민	355,816	233,637	62,487	17,374	42,318
기타 인종	34,199	21,915	5,450	1,574	5,260

인종 및 히스패닉 출신	주 총합	호놀룰루 시 및 군	하와이 군	카우아이 군	마우이 군1/
히스패닉 혹은 라니토 및 인종					
히스패닉 혹은 라티노 (인종 불문)	120,842	77,433	21,383	6,315	15,711
멕시코인	35,415	21,580	5,868	1,837	6,130
푸에르토 리코인	44,116	27,221	9,520	2,196	5,179
쿠바인	1,544	1,078	237	63	166
기타 히스패닉 혹은 라티노	39,767	27,554	5,758	2,219	4,236
비 히스패닉 혹은 라티노	1,239,459	875,774	163,696	60,776	139,213
백인 단독	309,343	181,684	57,831	20,611	49,217

1/ 마우이 군은 카라와오 군(칼라와파파 정착치)을 포함한다. 칼라와오의 2010년 주민 수는 90명이다.

2/ 한 가지 인종을 선택하는데 "아시아인"이었던 경우와 두 가지 이상 인종을 선택하였는데 그 모두가 "아시아인" 인종이었던 경우를 포함.

3/ 한 가지 인종을 선택하였는데 "하와이 원주민 및 기타 태평양 제도민"이었던 경우와 두 가지 이상 인종을 선택하였는데 그 모두가 "하와이 원주민 및 기타 태평양 제도민"이었던 경우를 포함함.

4/ 열거된 인종들의 한 가지 이상의 결합. 개개인이 한 가지 이상의 인종으로 응답할 수 있기 때문에 여섯 가지 수는 전체 인구보다 더 많게 합해질 수 있다.

Source: U.S. Census Bureau, 2010 Census Redistricting Data (Public Law 94-171) Summary File (February 2011) and 2010 Census "DP-1-Profile of General 2010 Demographic Profile Data" (May 19, 2011) 〈http://factfinder2.census.gov/faces/nav/jsf/pages/index.xhtml〉 accessed May 19, 2011.

민족간 결혼은 인종과 종족성이 높게 혼합되어 있는 하와이 인구의 특성을 설명하는 요소이다. 외견상 관용적이고 인종적으로 조화롭다고 여겨지는 하와이의 모습은 민족간 결혼에 의해 이루어졌다. 1983년과 1994년 사이 전체 결혼 중 46%가 종족간 결혼이었고, 한국계 여성의 경우 72%로 가장 높았고 아프리카계 여성의 경우 20%로 가장 낮았다. 인구수가 적은 한국 교민사회에 종족간 결혼이 성행했던 이유는 수긍이 간다. 이민 3세인 한 피면접인의 경우 그의 아버지 세대에 8남매가 있었는데 모두가 다른 민족과 결혼하였다고 한다.

카운티별 인구 구성을 살펴보면 아시아계는 압도적으로 호놀룰루 시에 거주하고 있는 반면, 백인은(비히스패닉 포함) 모든 카운티에 골고루 분포하고 있다(〈표 3.7〉 참조). 이웃섬의 백인 인구는 1990년대 이후 급속도로 증가하였는데, 그들 중 대부분이 미국 본토에서 유입된 사람들이었다. 이들의 분포는 마우이(34%), 하와이(32%), 카우아이(30%)이었는데 모두 오아후(24%)보다 높았다.

반면 하와이에서 미국서부 등 본토로 이주하는 인구는 계속적으로 증가하였다. 이 중 일부는 다른 근무지로 이동하는 군인들이 포함되어 있으나, 대부분의 이주민들은 지나치게 비싼 주거비와 생활비 때문에 본토로 이주한 경우가 많았다. 특히 그동안 네바다 주 라스베가스로 이주하는 사람들이 많아 이곳을 하와이의 '9번째 섬'이라고 부르기도 한다.

또한 본토에서 대학 졸업 후 하와이로 돌아오지 않는 학생들이 많다. 하와이에서의 임금이 낮고 관광산업 이외에는 매력적인 직장이 없다는 것이 주된 이유이다. 본토에서 교육받은 학생들의 대부분은 사회경제적 수준이 높은 백인, 일본계, 중국계 집안 출신이다. 이들은 하와이 내의 명문 공립고등학교 혹은 극소수의 배타적인 사립학교 출신이다. 이렇듯 두뇌유출이 심한 현상은 어제오늘의 일이 아니다. 역설적으로 이러한 두뇌유출 때문에 하와이 노동시장이 일정한 수준으로 안정되는 긍정적인 효과도 있는데, 하와이에서 실업률이 낮은 것도 대졸 이상의 우수한 젊은이들이 하와이 노동시장으로 진입하지 않고 본토로 진출하기 때문이다.

이렇듯 한편으로 본토로부터의 새로운 거주자들이 증가하고 하와이 출신들의 두뇌유출이 지속되면서 점점 하와이가 그동안 유지해왔던 문화적 다양성이 쇠퇴하고 있다는 지적이 있다(Okamura 2008: 40). 점점 더 외지인이 인구가 늘어나면서 사회문화적 갈등의 원인이 되기도 한다.

3) 하와이 아시아계 민족들의 경제적 상황

하와이를 "알로하 주Aloha state"로 지칭하는 것은 기존에 형성된 인종/종족적으로 지배적인 집단(백인, 일본계, 중국계)의 지위와 특권을 공고화시키고 종속적인 집단(하와이 원주민, 필리핀계, 태평양 도서 출신)의 위치를 고착화시키는 결과를 가져올 수 있다. 제1차 세계대전 이후 중국계, 일본계, 한국계의 플랜테이션 노동자들은 다른 소수민족들에 비해 중산층으로의 계층이동이 상대적으로 수월하게 진행되었다. 하와이에서의 종족적 불평등은 누적적으로 진행되었고 그것은 다음 세대로 이전되어 1970년대 이후 인종/종족적 위계질서는 고착화되었다. 사회경제적으로 지배적인 집단의 경우 이들이 정부, 교육, 경제, 법 등의 주된 기관에 널리 분포하고 있어서 정책 결정이 자신의 종족집단에 유리한 방향으로 이루어져 혜택이나 특권이 집중될 수 있기 때문이다.

각 집단 간 경제적 상황과 고용시장에서의 격차를 나타내 주는 지표로서 실업률을 살펴보면, 하와이 전체 노동인구의 실업률은 2015년에 3.6%(남성), 3.0%(여성), 2016년에 3%(남성), 2.5%(여성)에 달하였

표 3.8 인종과 히스패닉 출신 기준 전체 및 여성의 민간 노동 인구 및 실업률

[어림수 사용으로 전체 수가 맞지 않을 수 있음. 연간 민간 지역 실업 통계(Local Area Unemployment Statistics: LAUS)의 예상 값이며 미국 인구조사국의 미국 지역 5년 평균에 기초함.]

	인종 혹은 출신 1/	민간 노동 인구		실업률 (백분율)	
		양성	여성	양성	여성
2015	전체 인종	677,450	325,250	3.6	3.0
	단일 인종				
	백인	175,600	78,400	4.0	3.5
	흑인 및 아프리카계 미국인	9,100	3,500	4.3	3.6
	미국 인디언 및 알래스카 원주민	1,050	600	2.0	1.6
	아시아인	303,750	153,600	2.1	1.7
	하와이 원주민 및 기타 태평양 제도민	63,250	28,800	6.1	5.4
	기타 인종	9,600	4,550	8.9	8.4
	두 가지 이상 인종	115,150	55,850	5.1	4.0
	소수 집단 2/	553,550	272,200	3.8	3.1
	히스패닉 혹은 라티노	51,700	25,350	6.5	5.8
2016	전체 인종	685,400	329,450	3.0	2.5
	단일 인종				
	백인	177,550	79,300	3.3	2.9
	흑인 및 아프리카계 미국인	9,200	3,500	3.6	3.0
	미국 인디언 및 알래스카 원주민	1,100	600	1.7	1.2
	아시아인	308,050	155,950	1.8	1.4
	하와이 원주민 및 기타 태평양 제도민	63,700	29,050	5.1	4.5
	기타 인종	9,600	4,550	7.5	7.0
	두 가지 이상 인종	116,200	56,450	4.3	3.4
	소수 집단 2/	559,850	275,650	3.2	2.6
	히스패닉 혹은 라티노	52,000	25,550	5.4	4.8

1/ 인구 조사의 정의에 따름. 혼합 인종의 사람은 자기 식별로 구분됨.
2/ 백인 단독, 비－히스패닉

Source: Hawaii State Department of Labor &Industrial Relations, Labor Force Info for Affirmative Action Programs, "Table 1. Labor Force Information by Sex & Race" (annual). https://www.hiwi.org/gsipub/index.asp?docid=462〉 accessed June 2, 2017.

고, 전미 평균인 4.6%에 비해 낮았다. 종족별로 구분해 볼 때 아시아계의 실업률은 가장 낮은 집단에 속했다(남성 1.8%, 여성 1.4%, 2016년 기준). 반면 하와이 원주민과 히스패닉의 경우 실업률이 가장 높았다. (〈표 3.8〉 참조). 이러한 점에서 볼 때 하와이의 인종/종족별 위계가 형성되어 있고, 아시아계인들의 경제적 상황은 실업률 측면에서 볼 때 전반적으로 높은 편이라고 말할 수 있다.

코로나 전염병의 영향이 한창이던 2020년 4월, 하와이의 평균 실업률은 전월 2.4%에 불과하던 것이 사상 최고치인 22.3%로 치솟았고, 이는 미국 전체 주 중 가장 높은 수치였다(Gomes 2020). 하와이에서는 관광업이 가장 큰 일자리 창출원이기 때문에 실업자 14만 명 중 약 절반이 관광업 종사자를 포함한 '레저 및 접객업'에 종사하는 것으로 나타났다.

하와이에서의 사회경제적 불평등은 종족적 불평등으로 인식되었는데, 왜냐하면 종족성이 기본적인 사회관계의 구성원리였기 때문이다. 직업분포로 살펴보면 필리핀계와 하와이 원주민은 남성과 여성 모두 전문직 분포 비율이 평균보다 낮고, 한국계는 여성의 전문직 비율이 낮게 나타난다. 반면 백인 여성의 경우 전문직 비율이 평균보다 현저히 높음을 알 수 있다. 한국계의 경우 남성은 판매와 사무직에 높은 비중으로 종사하고 있으며, 여성의 경우 서비스직 종사자의 비중이 높다. 반면 일본계의 경우 서비스직 종사자는 남성과 여성 모두 적게 나타나고 있다. 중국계의 경우 직업분포가 하와이 전체와 비슷한 수준으로 분산되어 있다. 하와이 원주민들의 경우 남성의 경우 건축/보수, 생산/수송, 서비스직 종사자가 높은 수준이다 (〈표 3.9〉 참조).

표 3.9 하와이 주요 인종/종족의 직업분포, 2000   (비율)

	직업 분류	관리/ 경영	전문직	판매 및 사무	건축/ 보수	생산/ 수송	서비스	농업/ 어업
하와이 전체	M	13.8	16.6	17.5	16.1	13.4	20.9	1.7
	F	12.0	22.2	39.3	0.7	4.2	20.9	0.8
아프리카계	M	13.7	19.1	19.4	10.2	15.6	21,2	0.9
	F	9.7	24.0	38.1	1.6	3.1	23.5	0.0
중국계	M	12.8	16.4	19.2	15.0	14.0	21.6	1.0
	F	12.7	19.3	43.1	0.5	4.3	19.6	0.4
필리핀계	M	6.7	8.4	15.4	17.6	17.5	31.4	2.9
	F	7.8	13.6	39.3	0.5	6.5	30.3	2.0
일본계	M	16.9	18.6	21.1	16.2	10.8	15.2	1.1
	F	13.9	24.4	45.3	0.5	2.5	13.0	0.4
하와이 원주민	M	9.1	9.5	14.6	20.5	18.8	25.3	2.2
	F	10.3	16.9	44.0	1.0	5.1	22.1	0.5
한국계	M	14.7	14.7	22.9	15.4	11.5	19.9	0.9
	F	12.1	13.5	42.4	0.3	3.4	27.9	0.4
사모아계	M	6.7	7.7	15.7	15.8	24.0	29.3	0.9
	F	5.4	14.0	45.0	1.0	6.5	28.0	0.2
백인	M	15.4	19.9	16.7	16.5	12.3	17.8	1.4
	F	12.7	27.3	36.8	0.6	2.9	19.2	0.5

Note: 이탤릭체 부분은 하와이 전체보다 많은 점유율, 밑줄 부분은 하와이 전체보다 적은 점유율

Source: "Sex by Occupation for the Employed Civilian Population 16 Years and Over," table PCT86, from Summary File 4 of the 2000 U.S. Census, http://factfinder.cencus.gov/servlet/DatasetMainPageServlet?

코로나 전염병 기간 중의 공중보건 통계를 보면 하와이 주민 모두가 자택 격리 및 사회적 거리 두기 규칙의 영향을 받았지만, 일부는 인종적 불평등을 반영하는 방식으로 다른 집단들보다 훨씬 더 큰

영향을 받았다. 하와이 인구의 4%에 불과한 마이크로네시아, 사모아, 통가 등 태평양 섬 주민들의 사망률(16%)과 감염률(30%)이 하와이주에서 가장 높았다. 2022년 1월 12일 현재 하와이에서는 4,041건의 COVID-19 관련 입원이 발생했다. COVID-19 관련 입원 환자 중아시아계 환자가 37.8%로 가장 많은 비율을 차지했으며, 하와이 원주민(22.8%), 태평양 섬 주민(17.8%), 비히스패닉 백인(15.4%), 기타인종 및 민족(6.2%) 환자가 그 뒤를 이었다. 하와이 원주민과 태평양섬 주민은 하와이 주 인구에서 차지하는 비율에 비해 과대 대표된반면, 아시아계 및 비히스패닉계 백인 환자는 과소 대표되었다. 이러한 불균형적 비율은 태평양섬 주민들이 서비스업 및 기타 최전방직종에 많이 종사하고, 대체로 과밀 주택에 거주하고, 건강 보험이부족하기 때문이다. 2019년 현지 필리핀인의 약 30%가 서비스 직종에 종사했으며, 전체 인구의 23.3%가 서비스 직종에 종사했다. 히스패닉계는 26.2%로 더 높은 비율을 차지했으며 하와이 원주민의 경우 23%였다.

하와이 인종/종족별 급여의 중간값을 살펴보면 역시 아시아계 내부에서의 계층화가 형성되고 있음을 보여준다. 일본계와 중국계의경우 가장 높은 수준이며, 필리핀계와 한국계는 하와이 원주민과 비슷한 수준에 머무르고 있다(〈표 3.10〉 참조).

표 3.10 하와이 인종/종족의 일인당 급여 중간값, 2011-2015 　　(단위 : USD)

인종/종족	급여
일본계	32,129
백인	31,621
오키나와인	30,747
중국인	26,274
한국인	26,185
흑인/아프리카계	23,496
필리핀인	21,403
하와이 원주민	20,664

　　하와이에서 주요 전문직 종사자들의 민족성을 살펴보면, 단연 일본계가 현저하게 주류사회에 진출한 비율이 높음을 알 수 있다. 특히 교육기관으로 진출한 일본계는 거의 아시아계 중 압도적으로, 하와이 초등 및 중등학교의 교사들은 백인 혹은 일본계라 하여도 무방할 정도이다(〈표 3.11〉 참조). 엔지니어의 비중도 가장 높다. 한국계는 교사, 엔지니어 모두 1.5%에, 1.0%에 지나지 않는다.

　　법률가와 의사의 경우 백인이 절반을 차지하고 있고, 일본계가 약 25% 내에 달하고 있다. 한국계의 경우 2% 전후의 비율로 나타나고 있다.

표 3.11 하와이 주요 전문직 종사자들의 민족성, 1920-1991 　　(단위 : %)

(a) 초등 및 중등학교 교사, 1980-1990

연도	흑인	백인	중국인	필리핀인	하와이 원주민	일본인	한국인
1980	0.8	32.5	8.6	5.9	6.7	45.3	1.5
1990	0.8	41.1	7.3	5.2	8.7	39.7	1.0

(b) 엔지니어, 1980-1990

연도	흑인	백인	중국인	필리핀인	하와이 원주민	일본인	한국인
1980	0.8	31.4	15.2	2.7	4.8	41.2	1.5
1990	0.7	32.5	11.8	4.7	4.0	42.0	1.0

(c) 법률가, 1970-1991

연도	흑인	백인	중국인	필리핀인	하와이 원주민	일본인	한국인
1970	0.1	58.0	14.1	1.3	1.3	23.0	2.0
1974	1.0	55.0	15.0	1.0	1.0	24.0	2.0
1991	0.3	49.5	14.9	2.6	2.9	27.9	1,7

(d) 하와이 거주 의사, 1920-1989

연도	흑인	백인	중국인	필리핀인	하와이 원주민	일본인	한국인
1920	NA	64.7	2.6	0.0	1.3	30.7	NA
1965	0.0	49.4	19.9	2.5	1.4	24.5	2.2
1966	0.0	49.0	19.8	2.7	1.4	24.1	2.1
1967	0.0	49.8	19.7	2.6	1.7	23.7	2.1
1968	0.0	49.9	19.6	2.8	1.6	23.6	2.1
1970	0.0	51.2	19.0	2.6	1.3	23.0	2.0
1971	0.0	53.4	18.0	2.6	1.3	21.4	2.1
1973	0.0	54.6	16.0	3.2	1.2	20.7	2.1
1974	0.0	49.6	15.6	3.7	1.1	20.1	2.0
1975	0.0	46.7	14.8	3.7	1.1	18.8	1.9
1976	0.0	42.4	13.6	3.4	1.0	17.2	1.7
1978	0.0	33.6	12.4	3.1	0.8	14.2	1.6
1989	–	49.7	18.6	4.2	1.3	23.9	1.2

Key: NA = not available; – = more than 0 percent but less than 1 percent.
Note: Figures report percentages of persons employed in each profession by ethnic group and add to 100 percent horizontally when other ethnic groups are included. Many Caucasians have declined to state an ethnic identification inrecent years.
Source: Hirata (1971, 54); Hawai'i (1964, I; 1965, I; 1966, I; 1967, 1; 1968, 1 ; 1969, 1; 1970b, 4; 197 1, 7; 1972, 6; 1973, 8; 1974, 8; 1975, 8; 1978, 7); Hawai'i State Bar Association (1991); Hawai'i Medical Association (1990); Vernon Kim; U.S. census (1923, 1278; 1980, 44, 67, 71; 1993, 60, 130-31).

관광산업은 1960년대 이후로 하와이 경제를 지배해 왔다. 해마다 약 1천만 명 이상의 관광객들이 하와이를 방문한다. 하와이 직장의 31%가 관광산업 특히 서비스와 판매업종에 속해 있다. 18만 이상의 노동자가 직간접적으로 관광산업에 종사하고 있다. 2020년 코로나 전염병의 확산으로 하와이 경제는 매우 큰 타격을 받았다. 1일 3만 명에 달했던 반면 방문자 수가 95%나 감소하여 관련 서비스 업종 전체가 영향을 받아 실업률도 치솟았다.

관광산업에 대한 인식도 종족집단에 달라 차이가 있다. 관광산업에 종사하는 비율이 높은 필리핀계의 경우 관광산업에 대해 긍정적이다(56%). 하와이 원주민의 31%만이 관광산업이 그들의 생활에 긍정적이라고 답하였다(Okamura 2008: 59).

4) 교육

2000년 센서스에 따르면 25세 이상 거주민 중 학사 이상의 학위를 가진 사람들의 비중은 백인(31%), 일본계(30%), 중국계(27%), 한국계(25%), 필리핀계(15%), 하와이 원주민(13%)의 순으로 높았다(〈표 3.12〉 참조). 하와이 전체의 경우 그 비율은 대졸자 이상의 비중은 26%이기 때문에 평균 이상의 비중은 백인, 일본계, 중국계에서 나타난다. 필리핀계와 하와이 원주민들은 평균보다 훨씬 낮은 비율이다.

표 3.12 인종 간 25세 이상 인구의 교육 수준   (단위 : %)

단일인종 혹은 결합인종	교육 수준(인종간 인구 총합의 비율)				
	고졸 미만	고졸	2-3년제 대졸	4년제 대졸	대학원 또는 전문대학원졸
총 인구수	9.0	27.9	32.3	20.4	10.5
백인White	4.8	24.4	34.8	22.0	14.0
필리핀인Filipino	15.0	32.3	33.6	15.4	3.7
일본인Japanese	5.0	26.6	30.8	26.4	11.2
하와이 원주민Native Hawaiian	8.2	42.8	32.6	11.1	5.3
중국인Chinese	11.5	28.1	29.3	19.7	11.3
흑인 또는 아프리카계 미국인 Black or African American	4.8	20.4	48.5	17.5	8.8
한국인Korean	9.8	30.6	28.7	20.8	10.2
사모아인Samoan	10.4	40.6	34.3	11.9	2.8
미국 원주민 및 알래스카 원주민 American Indian and Alaska Native	8.4	26.0	41.9	15.1	8.6
베트남인Vietnamese	28.7	25.5	26.1	14.3	5.5
마셜제도인Marshallese	24.0	53.5	19.9	2.3	0.3
오키나와인Okinawan	3.8	20.5	34.3	28.6	12.8
괌인 및 차모로인Guamanian or Chamorro	5.9	27.6	46.2	11.7	8.6
통가인Tongan	11.2	44.6	25.8	11.5	6.9

하와이의 교육은 카메하메하 3세가 1840년 첫 공공 교육제도를 수립하여 공공교육이 시작되었고, 초중고등학교는 대부분 하와이 교육청에서 통제되는 제도에 의해 이루어진다. 유명한 사립학교로는 이올라니 학교Iolani School와 미국 44대 대통령인 버락 오바마가 졸업한 푸나후 학교Punahou School가 있다. 푸나후 학교는 부유한 백인들이나 선교사 집안의 자녀들이 다녔던 학교였다. 그러한 계층에 속하지 않는 백인들은 공립학교인 영어표준학교English Standard

School에 다녔는데, 이 교육 시스템이 확립된 것은 1924년이며, 1962
년경에 폐지될 때까지 40여 년간 지속되었다. 영어표준학교에 입학
하기 위해서는 초등학교 때부터 구두로 영어시험을 치러야 했으며,
백인 외에도 일부 아시아계 학생들이 시험을 통해 입학하였다.

하와이에는 285개의 공립학교가 있고, 재학 중인 학생들의 종족
분포를 살펴보면 원주민(25.7%), 필리핀(22.2%), 백인(17.4%), 일본인
(9.1%), 태평양제도민(5.1%), 마이크로네시아인(4.3%), 중국인(3.1%),
한국인(1.1%)의 순으로 많았다(〈표 3.13〉 참조). 종족적 위계가 낮은
집단인 원주민, 필리핀계, 태평양 군도출신은 공립학교 학생의 대부
분을 차지한다. 반면 사회경제적으로 우월한 종족집단인 백인, 일본

표 3.13 하와이 공립학교 학생들의 민족성, 2020-2021학년도　　　(단위 : %)

민족성	학생
전체	100.0[1/]
하와이 원주민	23.8
필리핀인	22.6
백인	19.4
일본인	9.1
마이크로네시아인	5.1
사모아인	3.3
중국인	3.1
아프리카계 흑인	2.6
히스패닉	2.3
포르투갈인	1.7
한국인	1.2

[1/] 어림수로 인하여 백분율의 합이 100이 아닐 수 있음.
Source: State of Hawaii, Department of Education, Assessment and Accountability
Branch, records.

계, 중국계는 훨씬 적은 비중이 공립학교에 재학하고 있었고, 사립학교 재학생 중 다수를 차지하고 있었다.

하와이 공립학교에는 11,621명의 교사가 있는데(2020-2021학년도) 이들 중 일본계가 38%로 가장 많다. 교사들의 종족 분포는 백인(26%), 원주민(10%), 필리핀(6%), 중국(5.1%), 아프리카(0.6%), 사모아(0.4%), 라티노(0.2%) 순이다. 즉 공립학교 재학생 비율이 가장 높은 두 집단인 하와이 원주민과 필리핀계가 가장 적은 수의 교사를 배출하였다. 반면 학생 비율이 가장 낮은 집단인 일본계와 백인이 가장 많은 교사 수를 보이고 있다. 학생 수와 교사 수에 있어서의 종족성 분포의 괴리는 문화적 교수법에도 관련된다. 게다가 공립학교의 신임교사들 중 미국 본토 출신 백인이 대다수인데 그 숫자는 매년 증가하고 있다. 이들은 하와이의 로컬 문화를 접해본 적이 없고 하와이 출신 학생들을 가르쳐 본 적이 없다는 점에서 문화적 간극이 존재한다는 비판이 있어왔다.

하와이 주립대학교University Hawaii에는 6개의 섬에 3개의 캠퍼스와 7개의 단과대학이 있으며, 주캠퍼스는 호놀룰루시 마노아에 위치하고 있다. 하와이대 마노아 캠퍼스 학생들의 인종 및 종족분포는 공립학교의 그것과 매우 다르다. 어떤 한 종족이 1/4 이상을 점유하지 못하지만 어떤 집단이 과소분포되어 있는 것은 확실하다. 예를 들어 하와이 원주민, 필리핀계, 태평양 군도출신 학생들은 공립학교와 달리 매우 적게 분포하고 있다. 이와는 달리 백인, 중국계, 일본계 대학생들은 그들의 공립학교 내에서의 분포와 비슷하거나 더 높다. 특히 중국계 학생들의 숫자가 상대적으로 많다.

종족집단별 분포와 관련하여 보면 대학원 과정 이상에 있어서 극명하게 나타난다(〈표 3.14〉 참조). 백인(31.7%)은 마노아 캠퍼스 학생 중 가장 많은 숫자이고, 다른 종족그룹보다 2배 이상 많다. 그 다음 으로 하와이 원주민(13.4%), 일본계(9.9%), 중국계(8%), 필리핀계(8%) 의 순이다(Manoa's Racial and Ethnic Diversity p.2).

표 3.14 하와이대 학생들의 민족성 2015-2016 학년도 　　　　　　　(단위 : %)

민족성	학부생	대학원생
전체	100.0[1/]	100.0[1/]
백인	20.7	31.7
아시아인	15.0	15.3
하와이 원주민	14.1	13.4
둘 이상 혼혈	15.7	11.5
일본인	9.8	9.9
중국인	7.4	8.5
필리핀인	10.6	4.2

[1/] 어림수로 인하여 백분율의 합이 100이 아닐 수 있음.
Source: State of Hawaii, Department of Education, Assessment and Accountability Branch, records.

　　미국 본토의 대학과 비교했을 때 하와이대의 교수 분포는 매우 다양하다. 비록 백인 교수의 숫자가 가장 많은 것은 사실이지만 미국 대학 평균보다 현저하게 낮은 분포를 보이고 있다. 하지만 교수진의 다양성은 학생분포의 다양성과 매우 대조적이다(〈표 3.1 5〉 참조). 백인 교수의 비중은 가장 높고(31.94%), 그 다음으로 일본계 (19.68%), 하와이 원주민(14.19%)의 순이다. 필리핀계(6.45%)는 학생 수에 비해 적은 수준이다. 한국계는 3.23%로 일본계나 중국계(8.06%) 보다는 적은 수이지만 인구/학생수 대비 분포는 작은 편이 아니다.

표 3.15 하와이대(마노아 캠퍼스) 인종/종족별 교수비율

인종/종족	비율
백인	31.94
일본인	19.68
하와이 원주민	14.19
중국인	8.06
필리핀인	6.45
사모아인	3.55
한국인	3.23
둘 이상 혼혈	2.58
아시아계(기타)	2.58
히스패닉	2.3
아메리칸 인디언	1.29
흑인/아프리카계	1.2
아메리칸 인디언	0.4

Source: 하와이대 홈페이지(2023)

④ 하와이 한인사회의 현재 모습

하와이에서 최초의 한인 밀집 지역은 1920년대 플랜테이션 농장들이 위치한 와히아와Wahiawa이었다. 1970년대 이후에 이루어진 새로운 이민의 물결은 하와이 한인사회에 다양성을 불어넣었다. 와이키키에 소재한 인터내셔널 마켓플레이스는 1980년대 이후 한인의 경제적 터전을 다지는 상권이었다. 한인 소유의 수많은 카트 상점으로 이루어졌던 이곳은 2016년 이후 고급 백화점이 입점한 현대적 쇼핑몰로 변모하였다.

현재 하와이 한인타운의 주요 비즈니스들은 호놀룰루시의 키아모

쿠Keeaumoku와 킹King 스트리트를 중심으로 분포되어 있다(〈그림 3. 5〉 참조). 아래쪽으로는 알라모아나 쇼핑센터에서 시작해서 월마트를 지나 올라가는 키아모쿠 스트리트 주변에 24시간 운영하는 식당을 비롯하여 식료품점과 각종 상점과 병원 등이 밀집해 있다. 알라모아나 센터는 호놀룰루에서 가장 큰 쇼핑몰로서 호놀룰루시의 버스 노선의 허브 중 하나로서 관광객, 주민들을 포함한 유동인구가 가장 많은 곳 중 하나이다. 현재 추진 중인 호놀룰루 열차노선 Honolulu Rail에서도 알라모아나 쇼핑센터 지역은 중요한 정류장으로 지정되어 있다. 키아모쿠 스트리트에는 한국어로 쓰여진 간판도 여럿 있어 종종 사람들에게 이 거리는 "코리아모쿠" 스트리트라는 별명으로도 불린다.

그림 3.5 키아모쿠 스트리트 지역

현재에는 오아후섬 곳곳에 한인 비즈니스, 소매점, 레스토랑이 있으며, 호놀룰루에서 15마일 떨어진 교외 지역인 밀릴라니Mililani, 키아모쿠 거리에서 약 2마일 떨어진 마키키Makiki, 키아모쿠에서 5마일 떨어진 호놀룰루의 노동계층 지역인 칼리히Kalihi에 커뮤니티가 형성되어 있다.

사진 3.2 호놀룰루시 한인 식료품점 앞에 게시된 각종 전단지

사진 3.3 한인 비즈니스가 밀집한 상가

한국과 하와이 간의 관계를 살펴보면, 이승만이 하와이 한인의 성금, 즉 국민회의 교육기금으로 마련한 한인 기독학원 부지의 매각 대금으로 인하공과대학을 설립한 것을 대표적으로 들 수 있다. 그 후에 서울시(1973), 제주도(1986), 인천시(2003), 과천시(3004), 전주시(2004)가 각각 호놀룰루시와 자매결연을 맺고 있다. 한미자유무역협정 이후 한국과 하와이 간의 교역량은 급속히 늘어난 것으로 집계됐다. 특히 미국에서 유일하게 코코아와 커피 원두를 생산하는 하와이의 경우 2015년 한 해 동안 86만8천 달러의 커피 원두를 한국에 수출한 것으로 집계되었는데, 그것은 2011년 29만8천 달러의 3배에 달한다. 또한 하와이가 한국에 수출한 과일 쥬스는 2015년에 150만 달러에 달하였는데, 그것은 2013년에 비하면 4배 이상 늘어난 액수로 알려져 있다(Korea Hawaii Connect). 코로나 직전(2019) 한국인 관광객 수는 전체 관광객 1천 42만 명 중 2.2%를 차지하였고, 그 수는 꾸준히 증가하는 추세에 있다.

현재 하와이에 있는 대학에 재학 중인 유학생 규모를 보더라도 일본 다음으로 많게 나타나고 있다(〈표 3.16〉 참조). 1위에서 5위까지의 순위는 거의 변하지 않고 있으며, 동아시아권으로부터의 유입이 압도적이다. 다만 코로나 전염병 기간 중에는 전체적으로 유학생 수가 줄었고 이전으로 회복하는 데는 다소 시간이 걸릴 것으로 보인다.

표 3.16 하와이 소재 유학생 현황, 2018

순위	출신국	학생 수	비율(%)
1	일본	3,683	25.8
2	한국	1,527	10.7
3	중국(홍콩, 마카오 포함)	792	5.5
4	스위스	656	4.6
5	필리핀	275	1.9
6	독일	263	1.8
7	캐나다	252	1.8
8	대만	214	1.5
9	노르웨이	180	1.3
10	프랑스	166	1.2

Source: DBEDT, The Economic Impact of International Students in Hawaii-2019 Update

한인회로는 '하와이 호놀룰루 한인회The Honolulu Korean Association of Hawaii'와 '하와이 한인회The United Korean Association of Korea'가 있다. 이 조직들은 대개 한인 이민 1세대가 중심이 되어 운영되고 있다. 한국계 미국인 및 외부인들은 1세대 단체와 그 구성원을 한인 커뮤니티의 주요 대표자로 여기고 있다. 하와이 상공회의소Korea Chamber of Commerce는 1940년에 처음 설립되었을 때에는 이민 2세와 3세가 주도적이었으나, 1970년 이후 한국어를 더 잘하는 이민자들이 중심이 된 상인회로 바뀌었다. 1987년에 이민 2세 이상의 교포들과 한국에서 갓 이민 온 이민세대가 통합되었고, 이덕희 통합회장 이후로는 영어로 회의를 하는 것으로 바뀌었다. 하와이 한인회와 상공회의소는 단체의 아젠다가 다른 것도 있지만 언어와 문화가 다른 것이 지적될 수 있다. 한인회는 한국계 미국인들을 위한 봉사단체라고 한다면, 상공회의소는 사업하는 사람들의 모임이면서 한인 사회에의 봉사도 겸하는 성격이 있어서 함께 하는 행사는 드문 것으로 보인다.

　　쿼드 챔버라는 것을 가지고 있습니다. 쿼드 챔버는 한국, 중국, 필리핀, 일본 상공회의소로 구성되어 있습니다. 그래서 분기별로 공동 활동을 하고 있습니다. 4개국 상공회의소 회장들이 모여서 일정, 할 수 있는 일, 프로젝트 등에 대해 논의하는 리더십 카운슬이 있습니다. 한인 상공회의소가 다른 상공회의소에 비해 상대적으로 규모가 작기 때문에 다른 상공회의소와의 연계를 통해 회원들뿐만 아니라 한인 커뮤니티 전체에 도움이 되는 일을 하고 싶다는 생각에서 시작하게 되었습니다. 그것이 한 부분입니다. 또 다른 부분은 재단을 통해 올해 일련의 프로젝트를 진행할 예정이며, 이 역시 다른 커뮤니티와의 협업을 통해 이루어질 것입니다. 물론 재단의 목표는 문화, 유산, 역사를 홍보하는 것이며, 이는 한국 커뮤니티 내에서 이루어집니다. 다른 커뮤니티에 다가가 한국인의 정체성에 대해 관심을 갖도록 해야 합니다. 그들이 TV나 행사에서 보는 것뿐만 아니라. 우리가 요청하는 자금이 확보된다고 가정하면, 정말 중요한 핵심 요소인 일본, 필리핀, 중국, 하와이 원주민 커뮤니티와 다시 일련의 활동을 할 것입니다(인터뷰 #11).

　한인 변호사들이 다양한 방식으로 지역 사회의 시민 문제에 관여하고 있다. 법에 대한 교육과 경험, 시민적 헌신으로 인해 그들은 종종 국가 정치적 대표의 훈련장이 되는 지역 및 주 수준에서 리더십 역할을 수행할 수 있는 기술을 갖추고 있다. 고학력이고 시민 참여도가 높은 법률가 그룹은 때때로 자신들의 재능을 긍정적인 방식으로 활용하지 못하는 경우도 있다. 한 외지 출신 변호사는 아쉬움을 표시하며 앞으로 한인단체들의 변화를 주문한다.

한국사회는 그동안 급속도로 발전했지만, 하와이 한인 지역사회는 자기가 이민온 시기의 한국문화적 모습에서 진전되지 않았어요. 그래서 많은 분들이 아직도 70년도, 80년도 사고방식을 갖고 계세요. 한국에서 실력보다는 동창이다, 선후배다 하는 인맥으로 모든 일을 해결하려 한 것처럼 여기서도 그런 모습이 많이 보이죠. 젊은 사람들이 교민사회에 관심을 줘야 하는데 젊은 사람들은 한번 들어와서 뭘 해보려 하면 한인단체들의 문화가 너무 틀리거든요. 제가 상공회의소 임원할 때 젊은 사람들 많이 들어오게 했어요. 미국에서 교육받고 봉사정신이 강한 사람들 말이에요. 그런 사람들이 봉사를 할 수 있는 자리를 만들어줘야 하는데 이제는 그런 사람들이 많이 없어요. 그래서 아까워요. 누군가는 희생을 해야 하는데 그런 사람이 없어요(인터뷰 #33).

하와이 한인회는 2020년 코로나 전염병 상황에서 한인사회를 위해 여러 가지 구제사업을 시행하였다. 먼저 독거노인들에 대한 연락망을 구축하고 그들에게 생계필수품을 매월 한 번씩 전달하고, 정기적으로 연결해서 건강 사항들을 체크하는 '사랑의 나눔' 프로그램을 시작하였다. 그 결과 약 2백여 명 정도의 독거노인 리스트를 만들 수 있었다. 또한 소규모 자영업자들을 위해서 미 연방정부로부터의 구제금융 프로그램을 소개하고 수령방법 등을 소개하는 유튜브 동영상을 제작, 배포하였다. 하와이에 전염병이 확산되어 확진자 수가 급증하면서 마스크 품귀현상이 발생하였는데, 마스크를 구하기 힘든 교민들에게 중국 판매상을 통해서 마스크를 어렵게 구입하여 전달하였다. 또한 매주 수요일마다 '외식하는 날'로 지정하여 한식당을 방문하는 할인 쿠폰을 배포하는 등 한국 식당들을 지원하는 캠페인을 전개하였다. 또한 한인 커뮤니티만 집중하는 것이 아니라 한인사회가 로컬사회 안에서도 영향을 주고 도움을 주는 모습을 부각시키기 위해 1천여 개의 푸드 박스를 만들어 생야채, 고기, 계란 등을 넣어 로컬 사람들에게 나눠주는 행사를 진행하였다. 음식 배분을 위해 오아후 내의 세 지역에 스테이션을 설치해 놓고 주민들에게 광고를 해서 아무나 와서 식사를 가져가 만들어 먹을 수 있도록 하였다. 이 사업을 통해 한식을 알리는 취지로 한식 재료까지 포함해서 조리법이 들어간 브로셔를 만들어서 사람들이 스스로 떡볶이, 잡채, 파전 등을 만들어 먹을 수 있도록 하였다.

2021년에는 한인교회에서 한인노인 300여명이 단체로 코로나19 백신접종을 하였는데, 하와이에서 소수민족 비영리단체를 대상으로 단체 접종을 실시한 것은 한인사회가 처음이었다. 이날 의사 출신인 조시 그린Josh Green 부지사(현 하와이주지사)가 직접 참석해 백신 주사를 놔주기도 하였다. 한인회가 장소 섭외와 접종대상 인원 모집 등 적극적인 노력으로 만들어 낸 성과로 평가되었다. 첫 접종 이후 2022년까지 수차례에 걸쳐 추가 단체 백신접종이 이루어졌다.

제4장

'로컬' 아이덴티티와 종족성

1. '로컬' 아이덴티티의 제 측면

하와이에서의 아시아계의 정치적, 경제적 성공은 종종 다민족적인 하와이의 예외주의적 성격을 나타내주는 증거로 거론된다. 즉 플랜테이션 농장에서 만연한 인종주의를 소수민족들이 연대하여 극복하면서 조화로운 다문화주의를 탄생시켰다는 것이다. 하와이 사람들은 서로 다른 집단을 구별하는 데에서 피부색과 같은 외형적 차이보다는 문화적 차이에 더 큰 사회적 의미를 부여한다.

하와이의 다인종적 모델은 (1) 관용의 전통과 평화적 공존, (2) 조화로운 인종/종족 관계와 높은 상호결혼율, (4) 기회 및 지위의 평등, (4) 공유된 문화와 정체성을 특징으로 한다(Okamura 2008: 11). 하와이가 인종적 파라다이스라는 이미지는 실제와 일치하느냐의 여부와 상관없이 대부분의 하와이 사람들에게 암묵적으로 내재된 이상형이다. 이를 비판하는 사람들은 관용과 수용에 대한 강조가 하와이에서 인종과 민족 관계의 부정적인 측면을 가리는 수단으로 작용한다고 주장한다. 즉 나쁜 인종 간, 인종 간 관계를 은폐할 수 있는 일종의 신화라는 것이다.

실제로 하와이에서 "아시아계 미국인Asian American"이라는 범민족적 용어보다는 중국계, 일본계, 한국계, 필리핀계라는 개별 아시아계 미국인이라는 용어가 더 큰 의미를 지닐 때가 많다. 1960년대 미국 본토에서는 아시아계 미국인들의 범민족적 정체성과 의식을 형성시킨 여러 운동들이 있었다. 그러나 하와이에서는 그와 같은 범민족성 개념의 정치적 의미에 익숙하지 않다. 특별히 범아시아계 미국인 정체성을 집단적으로 확립할 필요성을 찾지 못한 것이다. 하와이에서는 아시아계 미국인만을 위한 단체나 사회 운동을 거의 볼 수 없다. 다만 상공회의소나 커뮤니티 협회와 같이 개별 민족 그룹의 이익을 대변하고 업무를 규제하는 별도의 조직이 있다.

오히려 하와이에서는 인종, 종족적 정체성보다는 지역 정체성의 중요성이 부각된다. 즉 '로컬'이라는 개념이 하와이 사람들의 공통된 정체성과 하와이 섬의 땅, 사람, 문화에 대한 공통된 인식을 대표하게 되었다(Okamura 2008). 아시아계 미국인은 미국 전역의 커뮤니티와 관련성이 있는 광범위한 범주인 반면, 로컬이라는 개념은 본질적으로 하와이의 특수한 사회적, 역사적 과정에서 비롯된 개념인 것이다.

1) '특별한' 하와이

하와이가 '특별한' 곳이라는 인식은 대부분의 피면접인 사이에서 공유되어 있었다. 하와이인들의 친절하고 느긋한 태도, 가족과 지역 공동체를 중시하는 측면은 하와이 문화에 스며든 아시아적 전통과도 관련이 있는 것으로 인식되고 있는 듯하다. 하와이에서 태어나고 고등학교를 마칠 때까지 하와이에서 자란 엘리자베스는 LA에서 대학을 마치고 다시 하와이로 돌아와 로스쿨을 다니고 있다. 그녀는 졸업 후 본토에서 직장을 찾기보다는 하와이에서 법조경력을 쌓기를 원한다. 미국 본토에서의 생활을 즐기고 있었고, 가까운 주에 가려면 하와이에서처럼 비행기를 타고 6시간을 가야 하는 것도 아니어서 미국을 더 많이 볼 수 있는 것도 매력적이었지만, 결국 귀향을 하게 되었다. 그렇게 결심을 하게 된 동기는 특별한 하와이만의 문화 때문이었다.

> 하와이 사람들은 친절해서 매일매일 기분이 좋아요. 도로에서 걷고 있을 때나 운전할 때도 언제든 서로 따뜻하게 맞아주죠. LA에서는 그렇지 않았던 것 같아요. 학부 졸업을 앞두고 고민이 많았죠. 법조계에서 일하게 되면 일주일에 80시간 정도 일해야 하는데 정말 내가 LA와 같은 대도시에 살고 싶은지 확신이 없었어요. 그래서 내 스스로 자문해 봤지요. 나중에 누구와 어떤 사람들과 함께 있고 싶을까? 주말에는 누구와 무엇을 하고 싶을까? 라고 말이에요. 저는 가족이 보고 싶었고, 좋은 환경 속에서 좋은 사람들과 함께 있고 싶었어요. 그래서 하와이로 다시 돌아온 거에요(인터뷰 #23).

하와이대 로스쿨에 재학 중인 또다른 학생 역시 본토에서 대학을 다녔는데 하와이 사람들이 본토 사람들과 다르다고 느낀다.

> 하와이에 대해 좋은 점과 나쁜 점이 있지만 제가 좋아하는 한 가지는 사람들이 아주 느긋하다는 겁니다. 하와이 사람들은 매우

캐주얼하기 때문에 외모나 남들에게 보여지는 이미지 같은 것에 신경 쓰지 않습니다. 본토에서는 끊임없이 자신을 향상시키고자 하는 압박이 있었는데 하와이에서는 그런 느낌을 받지 않습니다. 여기서는 자신의 상황에 만족하는 것 같고 그 점이 본토에 비해 하와이가 독특하다고 느낍니다(인터뷰 #25).

초등학교 시절에 이민온 후 50년 이상 하와이에서 생활한 변호사도 하와이의 특수한 문화에 대해 이렇게 말한다.

1970년 처음 하와이에 도착해서 학교를 다녔을 때 문화적 충격을 받았습니다. 제가 살던 시골 지역에서는 아무도 신발을 신지 않았고 대부분의 사람들은 슬리퍼도 신지 않았어요. 그래서 LA에 대학을 다니러 갔을 때 저는 아주 시골 사람 같았어요. 하와이는 여러 가지 면에서 미국이 아닙니다. 하와이에 오래 거주한 사람들은 하와이가 미국의 일부이지만 매우 다르다는 것을 깨닫게 됩니다(인터뷰 #36).

뉴욕에서 로스쿨을 졸업한 후 월스트리트의 대형 로펌에서 일하다가 하와이로 이주한 한 변호사도 같은 의견이다. 본토의 대도시에 비하면 '시골' 같은 한적한 곳이라는 것이다.

로스쿨 졸업 후 뉴욕의 로펌에서 한 2년 일했는데 그 업무들이 저하고는 너무 안 맞는다고 느꼈어요. 처음에는 일반 기업 법무나 부동산 관련 일들을 주로 했는데 내가 왜 이렇게 살아야 하나하고 회의감이 들기 시작하더라고요. 돈이 있으니까 투자은행들, 의사들,

변호사들 이런 사람들만 만나게 되는데, 내가 자라난 환경과는 완전히 다른 경험을 한 사람들이라서요. 특히 백인들은 문화적으로 저랑은 완전히 딴판이었지요. 그러다가 하와이에 놀러오게 됐어요. 백인 변호사 여자친구하고요. 그런데 여기 오니까 날씨도 좋지만 첫째는 인종차별이 훨씬 덜 하더라구요. 그게 1990년대였는데. 그때만 해도 하와이가 답답했어요. 지금은 훨씬 낫지만… 그때는 정말 시골 같았어요(인터뷰 #33).

하와이 출신으로 보스턴에서 대학을 나오고 직장을 다녔었던 하와이대 로스쿨 학생은 본토에서의 생활이 하와이와 무척 달랐다고 느꼈던 경험을 다음과 같이 말한다.

보스턴에 일하러 갔을 때, 상사가 저를 중국 이민자 학생들이 많은 부서에 배정했습니다. 아마도 제가 중국어를 할 줄 안다고 생각해서 그런 것 같아요. 아시아 사람들한테는 외국인이라는 고정관념이 더 크게 작용하는 것 같아요. 저만의 느낌인지 다른 사람들도 그렇게 느끼는지 모르겠지만. 우리가 어떤 이유에서인지 미국인이 아니라는 생각 말이에요. 한 번은 저와 다른 아시아계 친구가 길을 걷고 있었는데 관광객처럼 보이는 백인 여성이 다가와서 길을 물었고, 대화 중간에 그 여성이 '오, 영어 할 줄 아세요?'라고 놀라 하는 거에요(인터뷰 #22).

하와이인들의 느긋함에 덧붙여 조용하고 사회 문제에 강하게 의견을 피력하지 않는다는 성격도 자주 언급되는 하와이 문화이다. 다분히 하와이에 오래 정주한 아시아인들의 문화적 전통과도 일맥상

통한다. 이민 2세로 하와이에서 사립 고등학교를 마치고 동부의 명문대학으로 진학했던 변호사는 다음과 같이 말한다.

> 당시 백인이 대부분이었던 프린스턴에서도 흑인은 많지 않았고 아시아인은 거의 없었습니다. 프린스턴에는 특권층 자녀들이 많았어요. 부유한 프레피… 그런 학생들은 저와는 매우 다른 환경에서 자랐어요. 버뮤다에서 봄 방학을 보낸다든지 알프스에서 스키를 타는 등 생활 방식이 많이 달랐지요. 그리고 프린스턴의 학생들은 훨씬 더 자기 목소리를 내는 편이었어요. 반면 저는 하와이 문화에 익숙해져서 조금 더 과묵하고 자신을 많이 내세우지 않는다는 것을 알고 있었죠(인터뷰 #29).

2) 낙관적 인종 관계 인식

하와이 변호사들과의 면접에서 나타난 특징 중 하나는 인종 관계에 대한 낙관적인 견해이다. 물론 하와이에서도 인종에 따라 소득격차와 주거지역의 차이가 나는 것은 사실이지만, 개인적으로 하와이에서 살면서 인종차별의 경험을 겪었다는 대답은 거의 없었다. 그보다는 본토에서 학교와 직장을 다닐 때 겪었던 일들을 말하면서 하와이가 본토와 어떻게 다른지를 설명하는 것이 일반적이었다.

> 하와이에서 자라다 보니 문화적 편견이랄까 그런게 좀 적은 것 같아요. 이건 좀 설명하기 쉽지 않은데, 캘리포니아에서 자란 친구들 같은 경우 인생관이 많이 다른 것 같아요. 나는 "내가 아시아인이라서 모든 기회가 나한테 공평하게 주어지는 게 아니야"라는 식

의 생각을 하지 않아요. 그런데 그 친구들은 항상 그런 식으로 생각하는 것 같아요(인터뷰 #17).

　　이민 2세 변호사인 리처드는 목사인 아버지가 처음으로 사목활동을 시작했던 오레건주의 인디언 보호구역에서 태어났다. 그의 어머니는 인디애나주에서 태어난 한인 2세였는데 한국어는 전혀 할 줄 몰랐고 한국에 대해서는 아는 것이 하나도 없었다. 리처드의 아버지는 어머니한테 한국어를 종종 가르치기도 했지만, 그가 한국문화에 무지한 어머니로부터 한국에 관해 배운 내용은 극히 제한적이었다. 리처드가 냉면을 처음 접해본 것은 36살 때 즈음인데, 자신의 의뢰인과 함께 한국식당에 가서 비로소 처음으로 먹어보았다고 한다. 이렇듯 하와이의 이민 2세나 3세들 중에는 한인사회와 한국문화와 단절된 경험을 한 사람이 적지 않다.
　　리처드가 하와이에 이주해 온 때는 1951년인데, 그 당시 하와이에는 7천여 명의 교민이 거주하고 있었다. 그는 하와이에서의 유년 시절을 아래와 같이 회고한다.

　　내가 마키키Makiki에서 자랄 때 아주 친한 친구들 중에 일본계, 중국계, 하와이 원주민, 백인Haole 친구들 등 모두 섞여 있었는데 인종문제라든지 일본, 중국, 한국 출신 이런 것들이 한 번도 문제시되었던 적은 없었어요. 적어도 내가 학교 다니던 시절에는 말이죠. 내 제일 친한 친구들은 모두 아시아계였고 백인들도 있었지만…“오 저기 리처드 온다. 애는 한국인이지만 괜찮은 놈야”라는 식의, 그냥 재미삼아 하는 얘기지 누굴 깔보거나 조롱하려는 건 아니라는 거죠. 다른 도시나 지역에서는 한국인이라 깔보고 그런 일이 있을지 몰라도 여긴 아니었어요(인터뷰 #8).

리처드의 형은 미국 굴지의 부동산 기업의 최고경영자를 지냈는데, 하와이에서 자란 경험 때문에 다른 인종적, 민족적 배경을 가진 사람들을 훨씬 유연하게 대하게 되었다고 말한다(인터뷰 #13). 한 시니어 변호사는 오래 전에 본토의 로스쿨을 다녔을 때 본토에서 만난 아시아계인들과 하와이 출신 학생들은 생각에서 많이 달랐다고 회고한다.

왜 그렇게 느긋한가? 왜 더 전투적이지 않은가? 왜 시위를 하지 않는가? 저는 무덤덤하게 대답했습니다. 저는 학교를 다니기 위해 여기 왔고, 졸업하면 아시아인들이 이미 주름잡고 있는 고향으로(하와이로) 돌아갈 거라고 했죠. 거기에는 일본계 주지사도 있고 중국계 의원도 있고 필리핀계 부지사도 있고 주 대법원 대법관도 있죠. 그래서 하와이에 살면서 인종 차별을 받는다는 생각은 들지 않았어요. 하와이에는 다양한 문화와 인종이 있죠. 졸업 무도회에 일본계 퀸이 있고, 풋볼 팀에 일본계 쿼터백이 있고, 농구팀에 필리핀계 포인트 가드를 만날 수 있어요. 그런 다양성은 본토에서 경험하는 것과는 매우 다르죠. 하와이에서는 내가 원하는 것은 무엇이든 이룰 수 있다고 생각했어요(인터뷰 #37).

즉 소수자라는 느낌은 아마 하와이보다는 LA에 사는 한인들에게서 더 많이 느껴지기 때문에 본토인들이 하와이인들보다 인종차별에 대해 더 민감하게 인식하고 있는 것 같다고 한다.

116

최근 본토에서 일어나고 있는 아시아인에 대한 무차별적인 공격을 보면 당연히 역겹죠. 하와이에서는 아시아계가 압도적으로 많기 때문에 식료품점에 가는 것 같은 일상적인 일에서 조금도 걱정되지 않는 것은 특권이라고 생각해요. 하지만 미국 본토에서 이런 일이 벌어지는 것을 보면 정말 비참하다는 생각이 들어요. 사람들이 아시아인은 영원히 이방인이라고 생각하고, '중국 바이러스' 등을 탓하면서 아시아인들을 공격하는 현실이 너무나도 화가 납니다. 그런데 하와이에 있는 제 친구들 중 일부는 이런 사건이 일어났는지도 모르는 것 같더라고요. 본토 사람들은 그걸 어떻게 모를 수가 있냐고 그러겠지만, 하와이에 있으면 어느 정도 좀 고립되는 것 같기도 해요. 하지만 뉴스를 통해서든 소셜 미디어를 통해서든 확실히 본토에서는 모두가 그 문제를 의식하는 것처럼 보입니다. 제가 LA에서 학교 다닐 때 만나던 한인 친구들은 자라면서 자기가 차별을 받았던 경험을 공공연하게 말했던 것으로 기억해요(인터뷰 #26).

3) 로컬 아이덴티티의 형성

로컬 문화는 아시아계 이민자들에게 미국 대륙에서는 쉽게 접할 수 없는 민족적 선택권을 제공한다. 한인 2세, 3세의 경우 한국 커뮤니티와 단절되어 성장한 경우가 적지 않다. 이들은 로컬로서의 정체성이 더 중요하게 된다. 이민 3세 변호사인 남 김은 부모가 모두 한국어를 거의 할 줄 몰랐고 아버지의 형제들이 중국인, 일본인, 하와이 원주민 등과 결혼하여 다인종적인 가정환경에서 자라났다. 다른 한인들과는 교류가 그다지 많지 않았다. 그는 종종 "만약 전쟁이 난다면 나는 로컬 사람들과 함께 나가 싸우겠다"고 말하곤 한다. 그에게는 한국인이라는 정체성보다 로컬이라는 정체성이 강하다. 즉 상황에 따라 한국인, 한국계 미국인, 로컬의 정체성 사이에서 전환이 가능하다. 로컬이 되면 섬에서 사회적, 정치적 역사를 가진 집단에 적응하고 때로는 섞일 수 있는 기회를 얻게 된다(Danico 2004: 46).

> 제가 자라난 곳은 카후쿠인데, 그 지역의 공립학교인 카후쿠 고등학교에 다녔어요. 거기 학생들 중에 필리핀인, 사모아인, 통가인이 많았죠. 제가 학교를 다닐 즈음에 몰몬교에서 그 지역에 대학을 (브링엄 영 대학교 하와이 캠퍼스) 설립하면서 갑자기 유치원부터 고등학교까지 백인 아이들이 학교에 몰려들어 학교가 엄청나게 바뀌었죠. 제가 학교에 처음 입학한 날이 기억나요. 피진 억양 때문에 누가 무슨 말을 해도 알아들을 수 없었는데 나중에 한 아이가 "우리가 영어를 제일 잘하는 거 알잖아요"라고 말했어요. 카후쿠는 몰몬교도들의 유입으로 인해 학교를 짓고 지역을 엄청나게 변화시켰지만, 누구도 차별적인 감정을 느끼지 않았어요. 저는 나중에 대학에 가서 여학생 클럽에 가입하기 전까지는 학교 다니면서 한국사람을 한 명도 만나지 못했습니다(인터뷰 #10).

하와이가 미국 대륙과 같을 것이라고 기대하는 신규 이민자는 섬의 생활방식과 하와이의 인종적/민족적 역학 관계에 익숙하지 않기 때문에 처음에는 불편함을 느끼거나 자신이 '역차별'의 피해자라고 생각하는 경우가 종종 있다. 어린 시절을 LA에서 보내고 서부에서 로스쿨을 졸업하고 하와이에 온 변호사는 하와이 현지에 적응하고 일부가 되려고 노력하지만 본토에서 온 사람들에게 차별적인 무언가가 있는 것 같다고 말한다. 하와이에서는 아시아인이라서 위협받는 일은 없지만 미묘한 차별이 존재하고, 그것이 로컬 사람들의 배타적인 문화라고 느끼고 있다.

　　로컬 한인이라 하면 플랜테이션에서 자란 사람들, 피진어를 할 줄 아는 사람들을 가리키지요. LA에서 자란 한인들과는 매우 다르지요. 그들은 한국인이라기보다 더 로컬에 더 가깝게 느껴집니다. 그들 중 일부는 한국어도 하지 않고 그냥 영어와 피진 악센트로 말해요. 확실히 다르다고 느껴요. 몇 세대 동안 이곳에 있었던 사람들은 한국인이 첫 번째 정체성이라고 생각하지 않는 것 같습니다. 오히려 하와이 원주민과 비슷하다고 할 수 있지요. 부모님의 가르침과 영향을 통해 한국적인 모습들을 유지하고 있는 한국계 미국인과는 너무 다릅니다(인터뷰 #38).

❷ 로컬성의 정의

　'로컬'을 어떻게 정의하느냐는 논쟁의 여지가 있다. 그것은 대체로 아래의 네 가지 범주로 나누어볼 수 있다. 이것들을 행동양식으로서의 로컬, 역사성을 띤 로컬, 하와이 원주민 정통성으로서의 로컬, 그리고 주류로서의 로컬로 이름 지어 설명하고자 한다.

1) 행동양식으로서의 로컬

　첫 번째는 이론적으로 백인이든, 아시아계든, 하와이 원주민이든 태평양 섬 출신이든 하와이에 오래 정주한 사람은 로컬이 될 수 있다는 것이다. 이러한 정의에 의하면 하와이 원주민Native Hawaiian은 로컬의 범주 안에 있으나 로컬이 반드시 하와이 원주민만을 지칭하는 것은 아니다. 그러나 단지 하와이에 오랫동안 정주하였다는 사실만 가지고는 로컬로 인정되는 것은 아니다. 예를 들면 텍사스주나 캘리포니아주에 오래 거주한 사람은 '텍사스인'이나 '캘리포니아인'으로 지칭하는데 무리가 없겠으나 '하와이 로컬'의 경우 어떤 특정한 문화적 동질성을 공유할 것을 전제로 하여 쓰이는 듯하다. 하와이와 하와이 사람들을 소중히 여기고, 피진 영어를 사용하고, 현지 음식을 먹고, 하와이 역사를 배우고, 다른 현지 관습에 참여하는 등 현지 문화적 특징을 받아들이게 되면 시간이 지남에 따라 이들 중 상당수가 로컬로 간주될 수 있다는 것이다.

> 누군가가 이곳으로 이사 와서 문화를 받아들인다면 로컬 사람이라 할 수도 있다고 생각합니다만, 아마도 오랜 시간이 필요할 것 같아요. 하와이를 고향이라고 부른다면 누구든 로컬이라고 할 수 있을 것 같아요. 물론 저보다 더 엄격한 정의를 내리는 사람도 있죠. 하지만 저는 사람을 친절하게 대하고 하와이의 문화를 존중하는 사람이라면 괜찮다고 생각합니다(인터뷰 #23).

흔히 '로컬 스타일'이라고 지칭되는 섬 주민 전체에 통용되는 문화적 전통으로는 '알로하 정신Aloha Spirit'이 일반적으로 거론된다. 그것은 하와이법에도 규정되어 있는데, 법은 알로하 정신을 친절함, 조화, 겸손함, 인내심 등을 포함한 '대가를 바라지 않는' '호혜적인 호의'이며 '집단적인 삶을 영위하는데 모든 사람들이 중요하게 여겨

야 할 관계의 본질'이라고 정의하고 있다.[3]

　　다른 사람을 존중하고 주변 사람들을 의식하는 것만으로도 충분하다고 생각해요. 다른 도시에서는 사람들이 항상 자기 일만 하느라 주변에 누가 있는지 신경 쓰지 않아요. 하지만 여기에서는 사람들이 다른 사람에게 좋은 말을 하거나 좋은 일을 할 수 있는 여유를 주는 경우가 많아서 정말 좋다고 생각해요. 그리고 여기에는 다양한 종류의 사람들이 살고 있다고 생각합니다. 따라서 다른 문화에 대해서도 존중하고 존중하는 태도를 갖는 것이 도움이 됩니다(인터뷰 #23).

2) 역사성을 띤 로컬

　　두 번째로는 로컬의 개념이 하와이에 얼마나 오래 살았는지와 상관없이 백인집단을 배제하는 것을 의미하기도 한다. 여기서는 플랜테이션 노동자 계급의 경험이 중요하게 여겨진다. 로컬이란 플렌테이션 노동자로서의 강한 공동체 의식이 결부되어 만들어진 정치화된 개념으로 사용된다. 즉 백인 농장주에 대항한 유색인종, 소수민족 출신의 노동자들의 연대적 정체성이 로컬 개념의 핵심으로 작용하게 된다.

　　하와이에는 네 가지 종류의 백인이 있다고 한다. 하와이어로 '하올레Haole'는 하와이 원주민이 아닌 사람들을 가리키는데, 통상적으로 백인을 일컫는다. 백인들 중 가장 많은 수는 매년 수백만 명에 달하는 관광객이고, 다음으로는 통상 2, 3년 동안 하와이에서 근무

3　Haw. Rev. Stat. section 5.-7.5(a) (2009).

하는 군인과 가족들이다. 여기에 덧붙여 미국 본토에서 하와이로 영구 이주한 장기 거주자가 있다. 하와이에서 가장 적은 수의 백인은 소위 "로컬 하올레"로 불리는 사람들인데, 그들은 섬에서 자랐고 현지 문화를 실천하며 피진어를 사용하고 섬 생활의 일부로 살아가는 사람들을 말한다.

마시 사건Massie Case은 로컬의 개념이 처음 사법부 판결에 적용된 사례로 자주 거론된다. 1931년 해군 장교의 아내인 탈리아 마시 Thalia Massie는 5명의 '로컬' 남성들(하와이 원주민, 일본, 하와이 - 중국 혼혈)을 강간혐의로 고소하였다. 이듬해 봄에 마시의 남편과 어머니, 그리고 두 명의 선원이 피고인 중 한 명인 조세프 카하하와이Joseph Kahahawai를 살해하였고, 재판에서 유죄판결을 받았으나 법원은 단 하루의 징역형을 선고하였다. 하와이 내의 소수민족들은 이 판결에 매우 분노하였고 이를 계기로 하와이 원주민, 아시아계, 노동자 계급의 주민들이 '로컬' 정체성을 자각하고 연대하게 되었다. 이 개념에 따르면 백인과 대비되는 소수민족으로서의 로컬성이 강조되게 된다.

오래 전에 로컬이라 함은 외모에 기반을 두었습니다. 왜냐하면 로컬이 아닌 사람은 항상 하올레, 즉 백인이었기 때문입니다. 흑인은 거의 만날 수 없었고 남미에서 하와이에 온 사람들은 거의 없었어요. 그럼 누가 로컬인가? 로컬이란 하와이에서 나고 자란 사람들이고 많은 사람들은 혼혈이지요. 제 손녀딸들은 스코틀랜드 - 아일랜드 영국계, 포르투갈계, 필리핀계, 하와이안 원주민들과 결혼했어요. 여기서 10년을 살았느냐 20년을 살았느냐는 것보다 내가 로컬인지 아닌지 말할 필요도 없이 행동하는 것으로 여기 사람들에게 로컬이라 인정받는 게 중요해요(인터뷰 #39).

하와이의 소수민족 중 2차 세계대전 때 미군으로 참전해 혁혁한 공을 세우고 돌아온 일본계 2세 중심으로 구성된 〈442 연대전투단〉 출신들이 하와이 정치계에 투신하면서 아시아계가 점차 '로컬'의 중심으로 입성하게 되어 하와이의 주류를 형성하게 되었다. 미국령 시대에 공직자의 대부분을 차지했던 백인과 하와이 원주민의 자리에 점차 아시아계가 진입하게 되면서 명실상부한 로컬로서의 정체성을 주장하게 되었다. 이들은 하와이가 미국의 주로 편입되는 과정에서 권력을 민주당으로 교체하는데 커다란 역할을 했다.

미국 본토에서는 민권운동의 영향으로 '아시아계 미국인Asian American'의 개념이 등장하여 '미국성Americanness'을 강조하였다면, 하와이에서는 그보다는 '로컬성localness'을 표방하면서 정치적 세력을 키워갔던 것으로 보인다. 에릭 야마모토Eric Yamamoto는 1965년 이후 '로컬'이라는 용어가 하와이에서 지역사회 통제 투쟁의 구심점으로 사용되면서 특별한 힘을 얻게 된 과정을 설명한다(Yamamoto 1973). 특히 1970년대 초반 하와이의 급속한 도시화에 의해 주택·상업용 개발 용지로부터의 퇴거반대 투쟁과 토지를 둘러싼 갈등이 제기되었는데, 이에 참가한 다양한 공동체들은 하와이 원주민과 비원주민 할 것 없이 모두 자신들의 싸움을 '로컬' 주민의 요구를 실현하는 투쟁으로 규정했다. 야마모토는 하와이의 '로컬리즘'을 "서구 제도와 문화의 지배에 대한 반발로 등장한 민족 문화의 복합체로서, 공동체적 가치 지향성을 가진 하와이 사람들로 구성되어 있다"고

정의한다. 즉 로컬의 거주권이 주 정부와 기업과 대농장주라는 토지 소유자의 개발권과 충돌하게 되었던 것이다(트라스크 2017: 221). 이러한 과정을 통해 '로컬'이라는 지역 정체성이 출현하게 되고 그 중요성을 인식하게 된 후부터는 범아시아계 정체성의 출현은 비현실적인 것이 되었다. 로컬 정체성은 이미 하와이 원주민, 포르투갈계 미국인, 푸에르토리코계 미국인 등 여러 비아시아계 그룹을 포함하는 또 다른 범민족적 정체성을 이미 공유하고 있기 때문이다.

이렇듯 로컬 문화와 정체성은 하와이 섬의 삶의 질을 위협하고 하와이 주민들을 소외시키는 것으로 인식되는 외부 개발 및 변화의 힘에 대한 저항과 반대의 표현으로 등장했다. 지난 몇십년 간 하와이가 세계 경제에 편입되면서 글로벌 관광지로 부각되고, 관광산업을 중심으로 한 서비스 산업이 지배적이 되면서 호텔, 리조트 등의 개발과 하와이 외지인의 부동산 구매가 증가하였다. 현재는 '로컬'의 개념이 외지인과 외국자본에 대항하는 개념으로도 활용되는 것을 볼 수 있는데, 역설적이게도 세계화 과정 속에 하와이 경제에 대한 일본(및 기타 국가)의 투자로 인해 강화된 문화적 민족주의의 표현이라 할 수 있다.

이 로컬의 개념에 따르면 플랜테이션 노동자로서의 역사성을 공유하지 못한 신 이민자 그룹들은 로컬의 범주에 포함되지 않는다. 하와이 발전과정에서 어떠한 역사적 공헌을 하였는가가 진정한 로컬을 가르는 기준이 되는 것이다.

제가 스스로를 로컬사람이라고 생각하지 않는다고 말하는 것은 그런 사람들이 있다고 생각하기 때문입니다. 저 같은 사람에게 문제

를 제기할 수 있는 진정한 연고가 있는 사람들은, 제가 이곳에 10년
동안 살았지만 군주제의 역사나 하와이 원주민의 역사를 모른다면,
그런 점에서 저를 현지인이라고 주장하는 것을 꺼려할 것입니다(인
터뷰 #5)

스피카드Paul Spickard는 로컬이란 "열망할 수 있는 지위가 아니다.
그것은 권리도 아니며 주장할 수도 없다(Fojas et. al. 2018). 현지 사람
들이 인정해 줄 때만 가질 수 있는 사회적 지위이다"라고 말한다.
예를 들어 하와이에서 실제로 태어나고 자랐지만 하와이 로컬로는
간주되지 않았던 버락 오바마 전 대통령을 예로 들 수 있다. 케냐
출신으로 하와이 대학교에서 공부한 아버지와 캔자스주에서 태어난
백인 어머니의 아들로 태어난 오바마는 하와이 원주민이나 플랜테
이션 노동자의 후손이 아니며, 공립 고등학교가 아닌 미국 선교사들
이 설립한 사립학교인 푸나후 학교를 다녔다는 것이다. 즉 하와이
로컬로 간주되려면 노동계급으로 인정받는 것이 중요하다는 점을
강조한 것이다.

3) 하와이 원주민 정통성으로서의 로컬

세 번째로 로컬은 하와이 원주민으로서의 정통성을 중시하는 개
념이다. 앞서 일본 등 일부 소수민족들이 사회 주류로 진입하였음에
도 불구하고, 하와이의 생활양식을 따르지 않고 피진 영어pidgin
English를 구사하지 않는 백인이나 일본계 등 상층부의 사람들 역시
배제하는 의미로도 사용되기도 한다(Kwon 1999: 98). 하와이 주권회

복 운동을 주장하는 원주민 집단은 '로컬'과 구별되는 '원주민native'의 개념을 사용하여 "하와이로 온 신참 이민자가 아닌, 태어난 고향에 계속해서 살고 대지를 가장 아끼는 문화를 키워온 고대로부터의 민족"(트라스크 2017: 300)으로서의 하와이 원주민이야말로 하와이의 진정한 주인임을 강조한다.

하와이 원주민의 사례는 정체성 형성에 있어서의 문화적이고 구조적인 측면의 중요성을 잘 나타내주고 있다. 문화적 차원에서 하와이 원주민들은 서구인들의 접촉 전부터 있어 왔던 언어, 종교, 가치관 등의 존재로 타집단과의 구별을 한다. 하와이말로 '카나카 마올리kanaka maoli'라는 용어는 '진정한 사람들'의 의미로 하와이 원주민으로서의 집합적 정체성을 표현하는데 쓰인다. 문화적이고 정치적인 의미 이외에도 하와이 원주민들은 로컬 즉 '하와이안'이라는 용어가 진정한 하와이의 뿌리 없이 단지 하와이에서 태어나거나 장기간 체류한 사람들에게서 무차별적으로 쓰이는 것에 반대한다. 하와이 원주민들에 의하면 '하와이안'이란 단지 하와이주에 거주하는 사람을 나타내는 것이 아니라 고유의 문화, 역사, 종교, 언어, 조상을 공유한 원주민을 의미하는 것이다(Okamura 2008: 99).

일군의 학자들은 하와이가 미국 제국주의의 식민지이고, 일본계를 비롯한 아시아계 이민자들이 하와이의 역사 속에서 백인들의 식민지 경영을 암묵적으로 지원하는 역할을 수행했다는 '아시아계 정착민 식민주의Asian settler colonialism' 학설을 내세운다(Fujikane and Okamura 2008). 즉 하와이의 아시아인을 식민지 지배를 받은 정착민으로 규정한다. 하와이에서 아시아계의 정치, 경제적 성공은 다문화 국가로서 하와이의 예외성을 보여주는 증거로 여겨져 왔으며, 이는 아시아계가 미국 설탕 농장주들의 인종차별적 대우와 정책을 극복하고 여러 학자들이 "조화로운 다문화주의"로 묘사한 것을 형성할 수 있었다는 설명이다. 하와이의 아시아계 정착민 정치 지도자들이 자주 사용하는 이민자의 성공 스토리에 대한 찬사는 미국 정착민 식민주의에 의해 가능해진 아시아계 정착민의 정치적 권력을 정당화하려는 시도라는 것이다. 아시아계 정착민 식민주의는 하와이를 민주적, 다문화 또는 다인종 사회로 보는 지배적인 설명에서 벗어나 역사적, 정치적 조건을 보여줌으로써 하와이 사회에 관한 인식의 전환을 요구하고 있다.

하와이의 아시아계 정착민은 주정부 기관과 단체를 장악하고 있으며, 이들의 입법과 공공 정책은 정착민 중심으로 형성되었고 주장한다. 실제로 1960년부터 1980년까지 일본계가 양원 전체 의석의 평균 50%를 차지했다. 1955년부터 1980년까지 하와이 주의회에서 일본계 민주당원의 비율은 하와이 인구에서 일본인이 차지하는 비율의 두 배에 달했다. 일본인이 인구의 32%였던 1960년에는 상하 양원 민주당 의원의 67%였다. 그리고 인구의 25%였던 1980년에는 민주당 의원의 60%였다. 반면 1980년 중국계는 전체 인구의 5%였지만 민주당 의원은 10%였다. 1983년 필리핀 민주당원의 비율(12%)은 전체 인구에서 필리핀인이 차지하는 비율과 거의 같았다. 이에 반해 1980년 하와이 원주민은 전체 인구의 18%를 차지했지만 민주당 의원은 3%에 불과했다(트라스크 2017). 뿐만 아니라 일본계의 정치 권력은 노동조합의 광범위한 지지에 의해 유지되고 있다고 주장된다. 하와이 정부 고용인 협회HGEA와 하와이주 교사협회HSTA와 같이 선거운동을 위한 지지와 재정적, 인적 자원을 제공할 수 있는 대규모 공공 노동자 노조에 지역 일본인이 상당수 포진하고 있는 것도 일본인이 공직에 선출되는 또 다른 이유이다.

아시아계의 로컬 정체성의 활용은 종종 하와이 원주민들의 반감을 가져오기도 하였다. 예컨대 일본계인 마츠오 타카부키 변호사가 카메하메하 학교재단 이사에 선임되었을 때 하와이 원주민들이 집단적으로 반대 시위를 하기도 했다.

사진 4.1 하와이 원주민들의 주권회복운동 시위

〈사진 4.1〉에 보이는 바와 같이 하와이 원주민들은 1993년 1월 17일에 하와이 원주민 최대 주권 단체인 카 라후이 하와이의 주도로 하와이 왕국이 정복된 장소인 이올라니 궁전까지 시위행진을 벌였다. 그것은 현대 하와이 역사상 가장 큰 규모의 시위로 기록되었으며, 미국 대륙과 태평양 섬에서 온 외국인 방문객을 포함해 1만 5천여 명이 참가했다.

4) 주류로서의 로컬

또 다른 로컬의 쓰임새는 하와이 사회의 '주류mainstream'집단을 일컫는 것이다. 로컬이 된다는 것은 진정한 의미에서 하와이 사회의 중심세력이 되는 것이다. 하와이 사회에서 정치, 경제, 사회, 교육 등 다양한 분야의 의사결정자가 된다든지, 떳떳한 사회의 일원으로 다른 사람들로부터 인정받을 수 있는 자격과 능력을 갖춘 사람을 의미한다. 여기에서 주류란 본토를 포함한 미국 사회 전체의 주류를 뜻하는 것이 아니다. 아직 미국 사회의 주류집단은 백인 남성이라고 한다면 하와이에서는 어느 인종이든 로컬 문화에 동화하고 구성원으로서의 책임 있는 행동을 하면 주류로서의 로컬로 인정받을 수 있는 것이다.

종종 한국 교민사회에서는 "한국인 상대가 아니라 현지인local 상대로 장사를 한다"는 등 로컬을 한인과 대비되는 개념으로 쓰곤 한다. 윌리엄 이 변호사는 1.5세이고 이민 1세와 2세들을 이어주는 가교역할을 하고 있다. 그는 한인의 정체성 문제에 큰 관심을 갖고 있으며 한인회 활동에도 매우 적극적으로 참여하고 있다. 이 변호사의 로컬에 대한 생각은 '주류로서의 로컬'이라는 또 다른 의미의 활용을 보여준다.

제가 로컬이라고 했을 때는 주로 '주류사회'를 얘기를 하는 건데. 얼핏 드는 생각은, 내가 한국 사람이다. 내가 "한국계다. 한국에서 이민 온 1.5세다 2세다" 뭐 그런 생각이 안 드는 그냥. 그냥 "하와이에 거주하고 있는 진짜 하와이에 사는 한 사람이다. 시민이다" 라는 그런 아이덴티티가 아닌가 생각이 들어요. 그래서 저도 뭐 로컬이라는 것을 단어를 사용을 하지만, 제가 한인회 같은 단체에서 활동할 때는 저는 로컬 사람하고는 약간 좀 떨어져 있는 그런 관심으로 그런 시각으로 그분들을 대하죠. 그분들은 대부분 이민 1세대들이셔서. 그분들은 아직까지 로컬이라거나 주류사회에 완전히 동화된 건 아니라고 보고요… 해리 김 시장 같은 분은(전 하와이 카운티 시장) 로컬 사람들이죠. 한국에 뿌리를 가지고 있지만 완전히 이곳 사회에 녹아든 그런 분들이고 여기에 하와이 원주민을 만나든 백인을 만나든 일본사람, 중국사람들을 만나든 너는 원주민계 중국계 일본계 한국계 쪽이야. 뭐 그런 선입견이 없이 그냥 토미, 지미, 메리 그런 식으로 그렇게 부를 수 있는 사람이지요(인터뷰 #11).

이 변호사의 관점에 따르면 본토에 아무리 오래 살았어도 아시아계로서 2세 3세일 지라도 본인들이 주류사회에 속한다고 느끼지 않는 경우가 많을 것인데, 하와이는 어느 인종이나 종족이든 여기에 오래 살면서 하와이의 문화에 동화가 된 사람이면 거의 다 그냥 한 부류로, 즉 로컬 사람으로 볼 수 있다. 이런 점에서 볼 때 하와이에서 일본계의 경우 한국계보다 훨씬 로컬이라 말할 수 있고, 특히 1970년대 이후 이민해온 한국 이민자들은 아직 로컬로 인정받지 못하고 있는 것이다.

로컬 사람이라면 대다수가 일본인이에요. 몇 세대에 걸쳐 이곳에 살아왔으니까요. 여러 세대에 걸쳐 이곳에 살아온 사람들과 그들의 가족, 조상들이 초기 이민자 중 한 명인 사람들일 것 같아요. 하와이의 일본인과 본토의 백인을 같은 레벨에서 비교해도 될지 모르겠지만 정치인이나 권력을 가진 사람들 대부분이 일본계라는 점에서 로컬의 범주에 들어간다 할 수 있을 것 같아요. 일본 문화가 하와이 문화 전반의 일부인 것처럼 여기 문화에 깊숙이 스며들어 있어서 때때로 우리가 깨닫지 못할 정도입니다(인터뷰 #25).

③ 한인들의 로컬로의 여정

하와이 한인들은 서로 다른 이민 역사와 계급 배경, 사회적 지위, 교육 정도, 인종적 경험을 가지고 있다. 이러한 배경의 차이는 한인 사회 내부의 종족 관계를 형성하는데 있어 미국 사회 내의 다른 종류의 인종적 논리와 담론이 작용할 수 있는 여지를 준다. 이민 선발 주자들이 후발 이민자들을 바라보는 데 미국사회의 일반적인 인종적 시선을 내재화하는 모습은 여러 연구에서 지적된 바 있다(Kibria 2002; 김현희 2014). 결국 하와이의 한인들에게는 이민 시기와 세대에 따라 한국인, 한국계 미국인, 로컬로서의 서로 다른 정체성의 선택지가 주어진 셈이다(Danico 2004: 46). 여기서는 한국인들이 하와이에서 로컬화되기 위한 일련의 이정표들을 살펴보고자 한다.

1) 파업 브레이커

브렌다 여Brenda Yuh의 할아버지와 외할아버지는 최초에 하와이에 도착한 이민자들이었고, 할머니들 모두 1915년경에 사진 신부로 하와이에 도착하였다. 그녀의 어머니는 비서로 일했었고, 아버지는 상선의 선원이었다. 조부모와 부모는 모두 플랜테이션 농장의 힘든 생활을 영위하면서 어머니의 9남매 중 한 명, 아버지의 5남매 중 한 명만이 대학에 진학하였다. 브렌다 역시 삼남매 중 유일하게 대학에 진학하였다. 그녀는 한국인들이 주류사회로의 동화를 하고자 하는 열망 때문에 하와이 원주민들을 억압하는 데 기여했다고 말한다. 즉 한국인들이 파업을 주도한 로컬 일본인들에 맞서고 백인과 합류하였기 때문에 결과적으로 하와이 원주민들을 억압하게 된 것이라고 말한다(Kwon 1999; 36).

잦은 파업을 통해서 임금 상승을 꾀하는 일본인 노동자들로 골머리를 앓던 농장주들은 한인 노동자들을 노동자로 고용하기로 하였다. 사탕수수 농장에서는 한인 외에도 일부 중국인과 하와이의 원주민, 필리핀인, 포르투갈인과 푸에르토리코인들도 근무하고 있었다. 1909년과 1920년 일본인 노동자들의 동맹 파업 당시에는 다른 어떤 민족보다 재미 한인의 대응이 두드러졌다. 국권 피탈에 대한 반일 감정과 1919년에 일어난 3·1 운동으로 고조된 애국심과 독립 의지로 인해 두 차례의 동맹 파업에서 재미 한인들은 파업 분쇄자의 태도를 취하였다. 재미 한인 노동자들은 반일 감정과 경제적 이익을 위해서 파업 분쇄의 형태로 대응하며 파업의 효과를 상쇄시키는 데 일조하였다. 한국인들은 파업이 이루어지고 있는 농장의 대체 노동자로 자원하기도 했다. 이러한 한국인들에게는 하와이는 모든 종류의 일본의 영향에 저항하는 안전한 영역으로 생각되었던 것이다.

파업 브레이커로서의 한국인의 이미지는 로컬 소수민족들의 기억에 부정적으로 각인되어 있다. 한인들은 일본인에 대한 반감에 이들의 파업을 분쇄하는 역할을 했다지만 실질적으로는 중국인, 필리핀인 등 다른 민족집단의 파업에도 동참하지 않았다는 점에서 한국인들이 다른 민족집단과 달리 개인주의적이라는 평가도 있었다.

한국인 노동자들은 다른 종족들보다 빨리 플랜테이션 농장을 벗어났다. 플랜테이션 농장에서 벗어나 호놀룰루에서 세탁소나 재봉소를 개업하게 되면서 사회경제적으로 신분 상승을 하게 되었다. 1922년을 시작으로 한국인들은 군부대에서 면허를 취득하기 시작했는데 그것은 군 시설에서 일본인보다 한국인들을 더 선호했기 때문이다. 특히 1941년에는 군대의 세탁계약에서 일본인들이 제외되고 중국인과 한인에게 주어져 많은 여성이 본격적으로 군기지 주변에서 세탁업에 종사하였다. 한국인들은 이러한 계약을 통해 일본인들을 무찌를 수 있는 계기로 생각했다(Kwon 1999: 37). 지금도 고령의 이민 2세들에게는 일제 강점기 때 하와이 한인사회에서 조국의 해방을 위해 지원을 아끼지 않았던 선조들의 기억이 살아 있다.

제 부모님은 애국자였고 그들은 매우 열심히 일하셨습니다. 아마 아실 것입니다. 저는 아주 어렸을 때부터 사회 운동을 많이 하는 가정에서 살았습니다. 하와이 한인이민 100주년이 되던 해에 3.1절을 기념하는 행사가 교회에서 있었어요. 거기서 다 같이 애국가를 부르는데 어렸을 때 항상 들었던 애국가가 떠올라서 울었고 저를 데려간 막내아들도 화면에 올라오는 자막을 보면서 함께 울었던 기억이 납니다. 그 시대를 생각하면 감정이 북받쳐 오릅니다(인터뷰 #27).

2) 코리안 바

로컬 한인들은 점차 새로운 한국이민들과 구별하기 시작했는데,

새로운 이민자들은 하와이의 이민 1세, 2세, 3세, 4세 후손들과 거의 동질감이 없었다. 1965년 이민법 개정 이후 하와이에 유입된 한국계 이민자의 경우 플렌테이션 경험이 없는 이방인으로 비추어졌다. 외부인들에게 인식된 한국인에 대한 고정관념은 키아모쿠가Keeaumoku Stereet나 와이키키에서의 한인 상점을 통해 형성되었다. 한인이 종사하는 주요 직종으로는 호스티스나 택시운전 기사가 많다는 것도 이미지 형성에 기여하였다(Danico 2004: 128). 한인들에 대한 이미지는 공격적이고 무례하고 다혈질적이고, 단합을 하지 못하는 성격이 있다는 것이다. 여기에 비즈니스나 딜을 할 때 '빨리빨리' 대충하는 일을 처리하는 성향 등이 제시되기도 한다. 반면 긍정적인 이미지로는 한국인의 '정'이 많이 언급되는데, 겉으로는 무례해 보이고 남을 무시하기도 하지만, 일단 서로 알게 되면 일본인이나 중국인보다 훨씬 믿을 수 있다는 점을 특징으로 든다.

하와이의 로컬 문화에 반영된 한국적 요소는 일반식당 메뉴에 김치나 전 같은 한국 전통음식이 등장한다든지 호스티스가 술을 대접하는 '한국 바Korean Bar'의 성행과 관련이 있다. 한국 여성들에 대한 가장 팽배한 고정관념은 '바 걸bar girl'이었는데, 왜냐하면 한국 바가 로컬 문화에 중심적으로 자리 잡았기 때문이다. 한참 성행했을 때에는 백여 개도 넘을 정도로 많았는데, 그중 80%~90%가 한인 소유였다고 한다. 종종 도박과 같은 불법행위에 연루된 사람들도 나왔다. 하와이 주민들은 호스티스가 접대하는 술집을 주인이 누구건 간에 '한국 바'라 불리게 되었다. 마찬가지로 한인 여성의 이미지는 '술집 여자'로 굳어지게 되었다. 심지어 한인변호사협회Korean Bar Association of Hawaii는 '코리안 바 협회'라고 놀림을 받기도 하였다고 한다.

실제로 호스티스 바에는 태국인, 베트남인, 필리핀인, 백인 호스티스도 있었지만, 사람들은 술집에서 일하는 호스티스에 대해 이야기할 때마다 한국인을 떠올리게 되었다. 이러한 한인 여성에 대한 고정관념은 잘못된 인식을 심어줄 뿐 아니라 성노동자라는 이미지를 고착화시켜 결과적으로 한인 남성보다 한인 여성에게 더 부정적인 영향을 미치게 되었다. 이민 1세로 1970년대에 하와이로 이주해 온 한 전문직 여성은 아래와 같이 회고한다.

내가 주정부 공무원으로 개발계획부planning department에 가서 일했을 때 일인데. 왜가끔씩 회의를 할 때 엔지니어들이 오잖아요? 그런데 내가 앉아 있거든? 회의장에 앉아 있거든? 그러니까 이상한 거야. 저 여자가 아직 영어도 서투르고, 발음도 뭐 네이티브는 아닌데, 어떻게 저기 앉아 있나 자기들끼리 생각을 하는 거에요. 그런데 하루는 어떤 사람이 엘리베이터를 탔는데 하는 소리가 "Did you meet your husband in the Bar?" 이렇게 물어보는 거에요. 내가 일본 이름을 가지고 있으니까 바에서 남편을 만났냐고 물어보는 거야. 그 정도로 한국사람 하면 한국바가 연상되는 것이었던 거지요 (인터뷰 #7).

1978년 하와이의 대표적 일간신문의 하나인 〈스타 불레틴Star Bulletin〉에서 8월 16일부터 3일에 걸쳐 코리안 바에 대한 특별 연재 기사를 실었다. 이들 기사는 약 150개에 달하는 유흥업소들이 속칭 '한국 바Korean bar'라고 불리는 것들이라 지적한 뒤 이들 업소의 확산 과정, 경영방식, 영업 실태, 호스티스들의 접객 방법 등을 보도하고 이들을 둘러싼 여러 가지 이권 및 이민국 공무원의 관련 등을 보도하였다. 여기에는 시의 허가를 받기 위해 술집 주인이 당시 호놀룰루 시장 선거운동 참모인 해리 정에게 로비를 했다는 등의 내용도 들어있었다. 당시는 시장 선거를 앞둔 시점에서 공화당 출신 기존 시장과 민주당 출신 후보가 각축전을 벌이고 있었다. 신문은 당시 시장을 공격하기 위해 한국 바 문제를 끌어들인 것이다.

이에 대해 교민사회 일각에서는 이러한 유형의 기사가 하와이의 한인사회에 부정적이고 파괴적인 영향을 끼칠 수 있다는 점을 우려하는 의견이 제기되었다. 이에 교민사회의 각종 종교단체, 실업계, 언론기관, 학계 및 기타 사회단체 대표들이 대책 회의를 개최하였다. 당시 하와이대 역사학 교수 한 분은 한인들과 이 문제를 상의했다.

> 그런데 사람들이 논의하는 방향이 이상해요. 한인정화위원회를 만들어 술집을 다 없애자는 주장이 나오는 거에요. 장사하는 사람들 생계가 걸린 일인데 어떻게 문을 닫게 하나요? 그래서 나는 신문사가 한인들을 정치적으로 이용해 불공정한 기사를 썼으니 거기에 항의해야 한다고 했어요. 결국 한인인권투쟁위원회를 결성해서 직접 신문사 편집국장에게 사과문 게재를 요구했지요(인터뷰 #20).

논의 끝에 '한국 바' '바 걸'이 한국 교민들에 대한 고정관념으로 굳어지는 것을 막기 위해 뉴스에서 '한국 바'라는 용어를 쓰지 말 것을 요청하기로 하였다. 당시 신문사의 편집국장은 완강히 거부했을 뿐 아니라 한인신문 기자들을 데려왔다고 욕설을 퍼붓기도 했다. 한인인권투쟁위원회는 즉시 한인들을 조직해 10월 1일 일요일 예배

가 끝난 뒤 신문사 앞에서 대대적인 시위를 벌이기로 결정했다. 그
러자 알래스카에서 휴가를 즐기던 신문사 사장이 달려왔다. 흑인 인
권운동이 대대적으로 벌어지는 시점에서 '인종차별하는 신문'이란
딱지가 붙으면 곤란했기 때문이었다. 결국 사태는 〈스타블러틴〉이
한인단체가 보내온 글을 싣고 사과문을 게재하는 것으로 마무리되
었다. 이후로 언론에서 '한국 바'라는 용어를 사용하는 것은 금기시
되었고 이후 '호스티스 바'로 수정되어 보도되기 시작하였다(Danico
2004: 131).

이 사태를 수습하는 과정에서 한인들의 사회적 활동이 더욱 활성
화되었고 사회적 결속력이 크게 강화되었다. 반면 이민 2세, 3세들
과 신 이민자들 간에 인식의 간극도 나타났다. 2세, 3세들은 '한국
바'의 용어를 쓰는 것에 대해 "왜 굳이 반대하느냐"는 등 문제의식
이 별로 없었고 대체적으로 이 사안에 대해 큰 관심을 보이지 않았
다. 하와이 사회에서 한인이 수적으로 소수민이라는 점을 지적하면
서, 이런 일에 대해 가두시위 등으로 행동에 나서지 말고 "조용히
큰 물결을 흔들지 말고 좋은 시민으로 살면 된다"는 식의 반응이 많
았다고 증언한다(인터뷰 #20).

로컬 정체성을 확인하는 것은 오래된 이민세대들이 자신들과 새
로 유입된 이민자들을 구별하는데 매우 중요하다. 즉 자신들이 로컬
이고 새로운 이민자 집단은 로컬이 아닌 것이다. 오래된 세대들은
피진 영어를 구사하는 등 로컬 문화를 습득하면서 로컬로서의 정체
성을 주장한다. 그렇게 함으로써 오래된 세대들은 하와이 한인들에
대한 부정적인 이미지로부터도 거리를 두고자 한다.

'코리안 바' 사건은 하와이 교민사회의 구심점이었던 국민회와 동

지회 등이 주도 인사의 고령화 혹은 사망에 따라 활력을 잃어가고 2세와 3세들의 다수가 국제결혼으로 한인의 정체성이 약화됨에 따라 새로운 이민이 시작된 1970년대 이래 한인사회에 구심적 역할을 할 수 있는 조직이 결성되지 못했던 상황을 반전시켰던 중요한 계기로 기억된다. 이후 하와이 한인회가 1981년에 탄생하게 되었다.

3) 한인타운 지정 및 문화회관 건립추진

한인사회는 하와이의 역사적 발전과정에서 어떤 족적을 남겼는가? 미국 내에서 가장 처음 생긴 한국 교민사회는 후세에게 어떠한 정체성을 물려줄 것인가? 이에 대한 한인회 차원에서의 노력이 바로 한인타운 지정과 한인문화회관 건립추진이다.

> 중국계나 일본계들이 남겨놓은 하와이의 색깔들을 비교한다면 한국사회는 굉장히 부족하다고 생각이 들어요. 개인적으로 무언가를 이룩한 분들은 계시지만, 커뮤니티가 하나가 되어서 뭔가를 만들어 낸 것은 부끄럽게도 말씀드릴 수 있는 게 없네요. 그래서 한인회나 넥스젠NexGen에서 하고자 하는 것은, 한인 커뮤니티가 주류사회에 족적을, 긍정적인 무언가를 남기고 싶은데 지금까지 그런 것이 없었다 이거죠. 한인 커뮤니티에 대해서는 부정적인 인상들이 역사적으로 남아 있으니까, 인정받지 못했으니까 그런 걸 인정받고자 확실히 해놓고 싶다는 마음이 있는 거죠(인터뷰 #11).

하와이 한인회에서는 주정부로부터 한인타운 지정을 받기 위해 지속적으로 노력 하였다. 한국계 섀론 하Sharon Har 주 하원의원 주도로 주의회에 제출된 법안(House Bill 2062)에 따르면 한인타운을 지정함으로써 한국인 방문객들과 일반인들이 한국음식, 제품, 문화를 접하면서 하와이의 경제 활성화에 도움을 줄 것으로 예상하였다. 2007년에는 호놀룰루시에서 한인문화회관Korean Cultural Center을 설립하기 위한 사업의 일환으로 한인타운을 지정하는 것을 검토하였다. 만약 호놀룰루시에 한인타운이 지정된다면 차이나타운 이후로 처음으로 특정 종족집단을 명시한 특별구역 지정이 되는 것이었다. 하와이주 계획청Office of Planning에서는 2천 명의 주민을 대상으로 키아모쿠 스트리트 근처에 특별구역을 지정하는 안에 대한 설문조사를 실시하였다.

설문은 한인타운의 행사로서 어떤 것이 중요한가라는 질문에 대해 '문화 페스티벌,' ' 기념일 축제,' '전통무용 공연,' '음식축제' 등 한국인 정체성의 문화적 측면과 관련된 응답이 나왔다. 한인타운의 지정이 왜 중요한가에 대해서는 '차세대를 위해'라는 응답이 가장 많이 나왔고, 그다음으로 '비즈니스의 증진'이라는 답이 많았다. 역시 한인 후속세대의 한인 정체성과 자부심을 부여하고자 하는 희망이 담겨있었다.

그러나 한인타운 지정에 부정적인 의견도 나왔다. 한인상공회의소에서는 키아모쿠 스트리트가 뉴욕이나 LA의 코리아타운과는 달리 한인타운으로 지정할 만큼 한인상점들이 밀집해 있지 않은 사실을 지적하였다. 또한 키아모쿠 스트리트에는 월마트나 로스와 같은 대형상점이 이미 랜드마크 역할을 하고 있어서 한국상점 밀집지로서 상징성이 떨어진다는 의견도 있었다.

다운타운에 가면 중국타운이 있듯이, 키아모쿠나 카피올라니를 특별지구special district로 코리안 타운을 만들기로 했습니다. 그런데 통과가 되지 않았습니다. 한인들에 대해 우호적인 시각을 가진 정치인들도 반대를 하셨는데, 키아모쿠나 카피올라니는 다른 민족들도 많이 사용하고 있어 한 민족만을 위해 특별지구를 만들기는 부담이 있다는 것이었습니다. 위 문화회관이 건립될 수 있다면 특별지구가 지정되지는 않아도 실질적으로 한인타운 중심이 거기에 이뤄질 수가 있어서, 저희 한인변호사협회 이사 중 한 분께서는 키아모쿠를 코리아모쿠라는 슬로건으로 디자인해서 나눠주고 판매할 정도로, 실질적으로 코리안 타운으로 그 동네를 조성하자는 움직임은 미약하나마 지속되고 있다고 보면 되겠습니다(인터뷰 #3).

　　무엇보다 한인타운 지정을 둘러싼 논의에는 한인문화회관의 설립을 바라는 교민사회의 열망이 담겨져 있었다. 하와이에는 '차이나타운' 내에 중국문화회관이 설치, 운영되어 있고, 필리핀 역시 문화회관이 있으며, 일본은 일본문화센터Japanese Cultural Center와 하와이 오키나와 센터Hawaii Okinawa Center의 두 개의 회관을 운영하고 있다. 이에 한인회를 중심으로 한 한인 단체들이 문화회관 건립의 필요성을 수년간 논의하다가 한인 이민 100주년을 계기로 본격적으로 하와이 한인문화회관 건립 추진위원회가 구성되었다.
　　한인문화회관 건립의 가장 중요한 목적이 무엇인가라는 설문의 응답으로는 미국에서 출생한 한인 후세들을 위한 한국어, 한국 역사, 전통문화 등의 전반적인 교육장으로의 활용이 가장 많았다. 한인 이민사가 시작된 곳이고 일제강점기 시절 독립운동의 중심지이기도 했던 하와이의 역사적인 의미를 되새기는 전시관을 운영하는 것도 제시되었다. 또한 한인 교민들의 법률, 의료, 재무 및 일상생활 관련 서비스의 제공, 각종 문화행사 및 대규모 회합의 장소, 그리고 미국 주류사회에 한류를 비롯한 한국어, 한국 문화를 알리는 교육 및 홍보 장소로의 활용도 거론되었다.

하지만 한인문화회관 건립추진 과정에서 어려움도 많이 겪었다. 한인문화회관 건립을 위한 모금활동을 전개하였으나 도중에 모금한 금액이 없어지는 일이 벌어지기도 하였다. 한인 단체끼리 소송을 하는 일도 있었다. 그러다가 2019년에 22대 하와이 한인회가 2015년 하와이 한인문화회관건립추진위원회를 상대로 제기한 소송을 취하하고 초심으로 돌아가 공동위원장 체제로 성공적인 한인문화회관 건립을 위해 합심해 갈 것임을 밝혔다.

제5장

법전문직에서의 다양성과 종족성

❶ 하와이 역사 속에서의 법률가 집단

하와이의 정치적 변화를 이해하려면 경제와 지리를 이해해야 한다. 자급자족 농업에서 플랜테이션 현금 작물로의 전환, 초기 포경 산업과 이후 캘리포니아의 골드 러시와 관련된 하와이의 전략적 지리적 위치, 그리고 외롭고 유일한 태평양 섬으로서 하와이의 군사적 중요성 등이 그것이다. 이러한 모든 요인이 하와이의 성장과 정부 변화, 법률 인재에 대한 급증하는 수요를 만들었다.

1) 초창기 역사 속에서의 법률가의 성장

19세기와 20세기 초에 활동한 법률가들은 지금과 같은 체계적인 법학 교육과 법률가 양성의 과정을 밟은 것이 아니라 법원, 변호사 사무실 같은 곳에서 도제식 교육을 통해 만들어졌다. 1848년에 한 선교사가 쓴 기사에 따르면 당시 하와이에는 일반인들에게 각종 법률에 관한 정보를 제공해주는 '법학원law school'이 설립되었다고 하는데 이 시기에 '변호사' '판사'와 같은 생소한 용어가 유입되기 시작하였다(Merry 2000: 103). 심지어 법원의 판사도 법률가가 아닌 경우가 있었다. 또한 법률가의 수가 절대적으로 적은 조그마한 섬이라는 특수성 때문에 상대편 변호사가 친인척인 경우도 허다하였다. 서로가 서로를 잘 아는 사회에서 이해충돌 회피의 원칙conflict of interest을 적용하여 엄격하게 이해관계에서 초연한 중립적인 판단을 내리기란 어려운 일이었다.

당시 지방법원district court과 순회법원circuit court의 판사는 소수의 백인 엘리트였고, 많은 경우에 있어 변호사 업무를 겸업하기도 하였다. 그들은 플랜테이션 농장 소유주들과 가까웠을 뿐 아니라 그 자신이 농장을 소유한 사람도 많았다. 그들은 정치적으로 활발하게 활동하였으며 집을 소유한 장기적인 거주자들이 많았다. 이들은 모두 기독교인이었고, 선교사 집안과 가까웠고 사회적으로 존경받는 집단 중 하나였다. 당시 하와이의 엘리트들은 대부분 백인이었고, 그 외에는 왕족, 원주민 귀족, 그리고 그들과 결혼한 중국인들로 구성되어 있었다. 1845년부터 1892년까지 하와이 각급 법원에서 이루어진 민사재판의 기록에 나타난 법률가들의 이름을 보면 그 중 70% 정도가 하와이 원주민이고 30%가 백인으로 추정된다(Merry 2000: 104). 흔치 않은 아시아계 판사로는 지방법원 판사였던 죠지 워싱턴 아카오 하파이George Washington Akao Hapai가 있는데, 미국 선교사 집단과 가까우면서 하와이 원주민과 중국인의 혼혈이다. 그는 영어와 하와이어가 유창하여 사건을 하와이어로 기록하였다.

미국령 시절에는 하와이 토지의 절반을 80명 정도의 사람들이 소유하였는데 그러한 부의 집중은 미국 본토에서도 유래를 찾아보기 힘들 정도였다(Okihiro 1991: 14-15). 1930년대에는 소위 '빅5(Big

Five)'라는 회사들이 하와이의 경제를 지배했는데 하와이에 소재한 38개의 플랜테이션 농장 중 36개가 그들의 소유였으며, 은행, 보험, 교통, 전기, 도소매업 등 이들이 손대지 않은 업종이 없을 정도였다. 설탕은 하와이의 인구와 경제가 급성장할 수 있었던 원동력이었다. 하와이의 변호사 업계는 설탕/해운 산업을 중심으로 성장했고, 야심 찬 백인 남성 변호사들이 기업 변호사의 대열에 합류했다.

하와이에서 가장 오래된 로펌 중 하나인 칼스미스 볼Carlsmith Ball LLP을 창립한 데이비드 히치콕David Hitchcock은 1832년 하와이에서 선교사의 아들로 태어나 윌리엄스 칼리지에서 수학 후 1856년 빅 아일랜드 힐로Hilo에서 판사와 변호사를 겸업하였다. 1888년 그의 사무실에 합류한 자신의 딸인 알메다 엘리자 히치콕Almeda Eliza Hitchcock은 하와이 최초의 여성 변호사로 알려져 있다. 데이비드 히 치콕은 그의 경력 내내 힐로에서 가장 유명한 변호사 중 한 사람이 었으며, 경찰 판사, 법원 서기, 공증인, 하원 의장, 제헌의회 대의원 을 역임했다. 알메다 히치콕은 미시건 대학교를 졸업했는데, 그녀가 재학했던 1886년 가을학기에는 미시건대 로스쿨에 6명의 여학생이 있었다고 한다(Matsuda 1992: 21).[1]

데이비드 히치콕이 1899년 사망 후 그의 파트너 중 하나인 칼 칼 스미스Carl Carlsmith가 사무실을 이어받아 향후 100년이 넘게 지속 한 로펌의 초석을 닦았다. 이 로펌에서 60여 년간 변호사로 활동했 던 제임스 케이스James Case는 로펌의 성장과정 속에 하와이 경제를 쥐락펴락했던 사탕수수 업체들과의 끈끈한 공생 관계를 보고하고

---

1 미시건 대학교는 여성의 법학 과정 입학을 1870년부터 허용하였다. 실제로 초창기 하와이의 많은 여성 법률가들이 미시건 대학교를 졸업하였다.

있다. 예컨대 그의 로펌 파트너 중 한 사람인 웬델 칼스미스Wendell Carlsmith가 업계 대표들과 함께 워싱턴 DC로 파견되어 1934년 설탕법Sugar Act 제정과정에서 연방의회 및 정부와의 성공적인 협상을 이끌어내어 향후 '빅5' 경영진들과 돈독한 관계를 형성하기에 이르렀다(Case 2017: 38). 오랫동안 칼스미스와 같은 주류 로펌의 변호사들은 전부 미국 본토의 명문 로스쿨을 졸업한 백인들로 구성되어 있었다. 그러한 전통은 현재까지도 지속되어져 왔다.

하와이의 백인 변호사들은 멀게는 하와이 왕조시대와 미국령 시대에 정착한 선조들의 후예로 플렌테이션 경제의 주류세력으로 입지를 굳혀왔지만, 미국의 한 주로 편입된 후에도 계속적으로 본토로부터 새롭게 유입되어 왔다. 온화한 날씨와 쾌적한 자연환경 때문에 새로이 하와이에 들어온 백인 법률가들은 하와이를 삶의 터전으로 삼고 하와이 특유의 생활방식과 문화를 받아들여 "로컬"로서의 정체성을 주장한다.

하와이에서는 입법부, 행정부, 사법부의 모든 구성원들이 '알로하 정신'을 적용할 것을 규정하고 있다.[2] 말하자면 하와이의 주류법률가라면 인종을 불문하고 이러한 하와이의 특유한 정체성을 내세워야 인정받을 수 있는 것이다. 하와이에서 가장 오래된 대형로펌 중 하나인 굿실 앤더슨 퀸 스티펠Goodsill, Anderson, Quinn & Stifel의 홈페이지에는 '하와이 생활, 하와이 법Hawaii Life, Hawaii Law'이라는 표어가 맨 처음에 커다랗게 등장한다.

---

2 Haw. Rev. Stat. section 5-7.5(b) (2009). "주민을 대신해 자신에게 부여된 의무를 행사하기 위해 주의회, 주지사, 부지사, 각 부의 장관, 대법원장, 대법관, 고등법원, 순회법원, 지방법원의 판사들은 "알로하 정신"을 숙고하고 반영하여야 한다."

2) 아시아계 이민의 법조계 진출

미국령 시절에 활동했던 아시아계 법률가들에 대해서는 자세히 알려져 있지 않다. 1920년대부터 아시아계 이민을 제한하는 법률[3] 때문에 미국 시민으로 귀화할 수 없었고, 미국 시민권이 없이는 변호사 개업을 금지한 규정 때문에 많은 아시아계 사람들이 법률가가 되는 것을 포기하였다.

하와이에서 정식으로 법학 교육과정을 이수한 아시아계 법률가로는 일본계인 마사지 마루모토Masaji Marumoto가 대표적이다. 그는 일본계로서는 하와이에서 변호사면허를 받은 5번째 사람이다. 기록에 의하면 첫 일본계 변호사는 동경대 졸업생으로 1889년에 변호사 자격을 받았다. 두번째 변호사는 하와이 출신으로(일본계 미국인) 미시건대 로스쿨 졸업생인 아더 오자와Arthur Ozawa로 1910년에 변호사로 등록하고 1917년에 사망하였다. 1930년에는 2명의 일본계 변호사가 더 있었다. 한 사람은 당시 호놀룰루시의 부법무담당관이자 후에 대법원장에 임명된 윌프레드 츠키야마Wilfred Tsukiyama이고, 다른 한 사람은 변호사 개업을 한 로버트 무라카미Robert Murakami 였다(Ogawa 2007: 44).

마루모토는 아시아계로는 최초로 하버드 로스쿨을 졸업하였고(1930), 일본계로서는 최초로 하와이주 변호사협회장을 지냈으며(1954) 또한

---

3 대표적으로 1924년 이민법(Immigration Act of 1924)이 있다. 이 법은 이민자의 상한을 1879년 인구 조사 때 미국에 살던 각국 출신의 2% 이하로 제정하는 것으로, 1890년 이후 대규모 이민이 시작된 동유럽 축신, 남부 유럽 출신, 아시아 출신을 엄격히 제한하는 것을 목적으로 하고 있다. 특히 아시아 출신에 대해서는 전면적으로 이민을 금지하는 조항이 마련되었다.

최초의 일본계 하와이주 대법원 판사로 임명되었다(1956). 그는 1930
년에 로스쿨 졸업 후 곧장 하와이로 돌아와 그해 변호사시험을 보았
다. 그 당시 변호사시험은 실시된 지 얼마 되지 않았는데, 이전에는
로스쿨 졸업생들이 대법원에 면허를 청원하면 법원이 허가를 해 주
는 식이었다. 그는 변호사시험에 합격했지만 호놀룰루의 백인 로펌
대여섯 군데에 지원하여 번번이 낙방하고 만다. 몇 차례에 걸친 취
업 시도에 실패한 그는 가족의 지인이 근무하는 백인 변호사 사무실
을 소개받아 지원하여 비로소 취업하게 된다.

하와이주 변호사협회는 1899년에 설립되었다고 하나 실질적으로
아시아계 변호사들이 등록하기 시작했던 시기는 1952년 이후로 생
각된다.[4] 1959년 하와이가 미국의 주로 편입되기 이전까지 변호사로
등록된 수는 500여 명에 달한다. 그 중에서 한국 이름을 가진 법률
가는 10명이 채 안 되는 것으로 파악된다.[5] 제2차 세계대전 후에는
하와이 주의 법조계에 극적인 변화가 일어났다. 전쟁에 참전한 일본
계 미국인들이 GI 법안 혜택과 함께 귀환하면서 많은 수의 비백인
들이 법조계와 정치권에 입문하게 되었다.

부모가 사탕수수 농장 노동자였던 하와이 이민 2세로서 아시아계
최초로 미국 연방법원 판사가 된 허버트 최(Herbert B. Choy, 한국명
최영조) 판사의 경우 하버드 로스쿨을 1941년에 졸업하고 2차 세계
대전 중이던 1942년부터 1946년까지 군법무관으로 복무한 후 1946
년에 하와이에 돌아와 변호사 사무실을 개업하였다. 그것은 '퐁, 미

---

4 1952년 이민국적법(McCarran-Walter Act)이 통과되었다. 이 법에 따라 하와이에 재류하고
   있는 아시아계 외국인들이 미국 시민권을 취득할 수 있게 되었다.
5 하와이주 변호사협회(Hawaii State Bar Association) 2019년 온라인 회원명부 참조.

호, 최 법률사무소Fong, Miho, Choy'인데 최초의 아시아계 로펌으로 알려져 있다. 각각 중국, 일본, 한국계 이민 2세 변호사들로 구성된 이 로펌은 칼스미스와 같은 주류 로펌에 비하면 규모에 있어서 보잘 것 없었다. 한 번도 구성원의 수가 10명을 넘지 못했던 소규모 로펌이었다.

1948년에 아시아계 로펌을 설립한 버트 코바야시Bert Kobayashi도 일본계 이민 2세이다. 1940년에 아버지가 빌려온 여행경비 300불을 받아 하버드 로스쿨로 향한 그는 등록금조차 낼 돈이 없어 파트타임 일을 하면서 겨우 졸업을 했다. 그는 로스쿨 졸업 후 백인이 운영하는 로펌에는 취직하기 어렵다고 판단하여 스스로 로펌을 설립하였다. 그가 설립한 로펌은 처음에는 보잘 것 없었지만, 그의 아들인 버트 코바야시 주니어Bert Kobayashi Jr.가 1971년 설립한 로펌 코바야시 스기타 고다Kobayashi는 그동안 백인 로펌들만 수임해 왔던 하와이의 대기업 법률업무를 처음으로 맡게 되면서 이제는 하와이를 대표하는 로펌의 하나로 성장하였다.

이와 같이 미국령 시절에는 아시아계 이민들이 법조계로 진출하는 데 어려움을 겪었지만, 점차 공직에서 두각을 나타내기 시작하였다. 최영조 변호사는 1959년 하와이가 미국의 주로 편입되면서 검찰총장attorney general으로 활동하기도 했고 그의 뒤를 이어 1962년에는 버트 코바야시 변호사도 검찰총장이 되었다. 최영조의 법률사무소 파트너였던 히람 퐁Hiram Fong 변호사가 미연방 상원의원에 당선되고, 그의 지원으로 최영조는 1971년에 제9순회구 연방항소법원 판사로 임명되었다. 아시아계가 연방법원에 판사로 임명된 것은 최영조가 최초이고, 하와이 출신으로서도 처음이었다. 히람 퐁 상원의

원은 1965년 이민법 개정에 중심적인 역할을 수행하여 유럽중심의 미국이민법을 획기적으로 개선하는데 공헌하기도 하였다.

소수의 아시아계 변호사들이 20세기 중반부터 등장하기 시작했지만 이들은 법률시장에서는 소수자에 속했다. 하버드 로스쿨 졸업생인 최영조와 히람 퐁도 한국계와 중국계라는 사실 때문에 호놀룰루의 주요 로펌에 취직하지 못하여 자신들의 로펌을 창설하게 된 것이다. 마사지 마루모토 변호사 역시 하버드 로스쿨을 졸업한 인재였음에도 당시 백인 일색의 퍼시픽 클럽Pacific Club의 회원으로 가입 신청했을 때 입회가 거부되었다. 당시 유명했던 클럽에는 퍼시픽 클럽 외에도 오아후 컨트리 클럽Oahu Country Club과 아웃리거 카누 클럽 Outrigger Canoe Club 등이 있었는데 아시아계는 회원으로 받아주지 않았다. 이렇듯 아시아계 법률가들은 사회적으로 주류네트워크에 진입하지 못하는 법률가 집단이었다. 아시아계가 하와이의 주요기업의 이사회 임원이 되는 것은 1960년대까지만 하더라도 매우 드문 일이었다. 하와이의 유서 깊고 영향력 있는 카메하메하 학교King Kamehameha School[6]의를 운영하는 비숍재단Bishop Foundation의 이사로 아시아계가 처음으로 선임된 때는 1971년이고, 그때 임명된 마츠오 타카부키Matsuo Takabuki는 법률가 출신이다.

그러한 주류 엘리트 법률가들의 배타적인 측면은 여성 법률가들의 진입장벽으로도 작용했다. 기업을 주된 고객으로 삼는 주류 로펌에서 여성법률가들이 채용되지 못하고 클럽의 회원으로 여성 변호사들이 입회하지 못하는 것은 소수민족 출신 법률가들과 마찬가지

---

6 하와이 원주민의 후손만이 입학할 수 있는 학교로서 하와이 원주민 문화의 상징적 기관이다.

였다. 대다수의 여성 변호사들은 공공 부문에서 근무했다. 일부는 영업, 저널리즘, 사무직 등 비법조 직역에 종사할 수밖에 없었다 (Matsuda 1992: 9). 1960년대 초에 미시건대 로스쿨을 졸업한 한 한국계 3세 여성 변호사는 하와이주 대법원의 잭 미즈하Jack Mizuha 판사(1961-1968 재임)의 로클럭으로 법률실무를 시작하였다. 그의 회고에 따르면 "미즈하 판사가 일본계 이민의 후손이고 미시건대 출신을 선호하였기 때문에 운 좋게 취직되었고 당시 여성변호사들은 로펌에는 응모조차 하기 어려운 시절이었다. 주검찰국에서는 지원서조차 받아주지 않았다"(인터뷰 #10)고 한다. 여성변호사들은 그러한 현실을 비판하기도 했지만 대다수는 인정하고 적응할 수밖에 없었다. 아시아계 여성 변호사로서 1960년대 이후 미국을 휩쓴 사회 변화 운동에 적극적으로 기여했던 대표적인 인물로는 일본계 미국인 3세이자 시카고대학교 로스쿨을 졸업한 팻시 밍크Patsy Mink를 들 수 있다.[7] 그녀는 인종 간 결혼을 이유로 지원한 모든 직장에서 거절당한 지 몇 년 후, 1964년 미국 연방하원에 당선되어 아시아계 미국인 여성으로는 최초로 연방의회에 진출한 인물이 되었다. 밍크 의원은 하와이에서 가장 유명한 변호사 중 한 명으로, 미국 하원의원 시절 민권과 여성의 권리 옹호에 앞장섰던 인물이다.

3) 하와이주 법조계 일반

하와이의 법률시장 규모는 작은 편에 속한다. 하와이주의 변호사협

---

7 당시 시카고 대학교는 그녀를 '외국 학생 쿼터'로 받아들였다고 한다(Matsuda 1992: 259).

회에는 약 8,000여 명의 변호사가 등록되어 있으며, 그 중에서 4,960
명 정도가 현직에서 활동 중인 것으로 나타났다(2022년 기준). 연평균
150-200명의 변호사들이 신규로 등록하고 있다. 근무지로 보면 단연
오아후섬, 그중에서도 호놀룰루시가 압도적이다(〈표 5.1〉 참조).

표 5.1 하와이주 등록변호사의 활동지역

변호사	인원
하와이의 총 변호사	8,259
오아후Oahu 변호사	4,689
마우이Maui 변호사	353
카우아이Kauai 변호사	139
동하와이East Hawaii 변호사	232
서하와이West Hawaii 변호사	180

근무형태를 보면, 변호사가 약 80%에 달하고 있으며, 나머지는 검
찰 등 정부기관(17%), 법원(1.77%)에 근무하고 있다(〈표 5.2〉 참조).

표 5.2 하와이주 등록변호사의 근무형태

	인원
활동인원	3,951
사내 변호사	324
단독 개업	1,233
변호사 2-5인 규모 회사	658
변호사 6-14인 규모 회사	485
변호사 15인 이상 규모 회사	732
법조에서 일하지 않음	135
판사	97
정부 변호사	913

〈표 5.3〉을 보면 여성 변호사의 숫자는 전체 변호사 수의 36%에 달하고 상대적으로 정부 기관에 소속된 여성의 비중이(48%) 높음을 알 수 있다.

표 5.3 하와이주 등록변호사 상세현황

		총 인원	하와이 인원	총 여성인원	하와이 여성인원	1-4년 근무	5년 이상 근무	1-4년 근무 여성	5년 이상 근무 여성
변호 (활동 중)	2022	3,951	3,258	1,422	1,181	245	3,706	104	1,077
	2021	3,840	3,217	1,416	1,195	132	3,708	92	1,103
	2020	3,870	3,241	1,430	1,204	179	3,691	90	1,112
정부	2022	913	831	435	394	61	852	29	365
	2021	956	869	472	433	39	917	14	419
	2020	972	887	469	430	74	898	37	393
판사	2022	97	96	44	44		97		44
	2021	99	98	40	40		59		40
	2020	91	90	37	37		37		91
합계	2022	4,961	4,185	1,901	1,619	306	4,655	133	1,486
	2021	4,855	4,184	1,928	1,668	171	4,684	171	1,562
	2020	4,879	4,218	1,936	1,671	253	4,626	253	1,596
활동하지 않음(비현직 /자원봉사)	2022	3,298	1,408	1,507	675	33	3,265	33	660
	2021	3,235	1,357	1,495	670	23	3,212	23	650
	2020	3,178	1,290	1,330	632	59	3,119	59	602
총 합계	2022	8,259	5,593	3,408	2,294	339	7,920	339	2,146
	2021	8,130	5,541	3,423	2,328	194	7,896	194	2,212
	2020	8,111	5,508	3,266	2,344	312	7,745	312	2,198

하와이 변호사 사무실의 규모는 대체로 작은 편이며 단독개업 법률사무소에서 일하는 변호사의 비중이 31.2%이며, 15인 이상의 법

률사무소에서 근무하는 변호사는 전체의 18.5%를 차지하고 있다
(〈표 5.4〉 참조).

표 5.4 하와이주 등록변호사 사무실 규모

	2022	2021	2020
단독	1,233	1,219	1,292
2-5인	658	697	644
6-14인	485	429	418
15인 이상	732	756	739
법무법인/사내변호사	324	295	279
정부	167	108	80
법조에서 일하지 않음	135	132	78
적용대상 아님	217	204	286

　　변호사협회에 등록된 자료를 바탕으로 종족성을 파악해 보면 백
인이 3,478명(42.1%), 일본계가 1,777명(21.5%), 중국계가 775명(9.3%),
하와이 원주민계가 588명(7.1%), 한국계가 263명(3.2%), 필리핀계가
254명(3.1%) 등으로 집계되고 있다. 정부와 법원에 소속되어 있는 법
률가의 비중은 각각 전체 법률가의 11%, 1.2%이다. 하와이 원주민
계 법률가들의 경우 정부 변호사와 판사의 비중이 15.4%, 2.7%에 달
해 타 집단에 비해 상대적으로 더 진출한 것으로 나타났다.(〈표 5.5〉
참조).

　　한국계 변호사 중 남성은 72명, 여성은 57명이다. 하와이변호사협
회 자료는 회원 본인이 등록한 데이터를 기반으로 하기 때문에 그들
이 이민 몇 세대인지, 혼혈인지는 파악되지 않는다.

표 5.5 하와이주 등록 법률가들의 종족성(2022년 하와이주변호사협회 Directory)

		백인	일본계	중국계	한국계	필리핀계	남부 아시아계	다른 아시아계
현직	여성	486	333	124	57	63	7	32
	남성	1,139	525	245	72	49	15	35
	NS	16	5	2	1			
정부	여성	108	126	47	19	14	1	5
	남성	152	116	40	15	24	1	9
	NS	2	2	2		1		
판사	여성	8	14	3	2	1		1
	남성	22	12	2	3	4		
	NS							
비현직/ 자원봉사	여성	607	307	158	54	48	13	34
	남성	930	322	150	39	47	6	20
	NS	8	5	2	1	3		
전체		3,478	1,777	775	263	254	43	139

		하와이 원주민	마이크로 네시안	태평양계	히스패닉	흑인	기타	총합
현직	여성	141		16	21	9	133	1,422
	남성	143		24	34	15	192	2,488
	NS	1		1	2		12	41
정부	여성	48	1	10	10	6	40	435
	남성	43	1		12	9	37	463
	NS			4			8	15
판사	여성	11				1	3	44
	남성	4		1			105	52
	NS	1						1
비현직/ 자원봉사	여성	122	2	20	22	14	106	1,507
	남성	73	3	17	22	10	4	1,754
	NS	1		2			13	37
전체		588	7	95	123	64	653	8,259

법원 자료를 보면 2020년 현재 대법원 판사 중 3명이 백인이고 2명이 일본계이다(〈표 5.6〉 참조). 1971년도와 1996년도와 비교해 볼 때 인종/종족적 다양성이 후퇴한 것으로 평가된다. 순회법원의 경우 일본계(5명), 중국계(3명), 필리핀계(2명), 한국계(1명)이 판사로 재직하고 있었다.(1996년 기준)

표 5.6 하와이주 상급심 법원판사들의 종족성

(a) 대법원(Supreme Court)

연도	백인	중국인	필리핀인	하와이인	일본인	한국인
1971	1 (20%)	0 (0%)	0 (0%)	1 (20%)	3 (60%)	0 (0%)
1996	1 (20%)	0 (0%)	1 (20%)	1 (20%)	1 (20%)	1 (20%)
2020	3 (60%)	0 (0%)	0 (0%)	0 (0%)	2 (40%)	0 (0%)

(b) 순회법원(Circuit Court)

연도	백인	중국인	필리핀인	하와이인	일본인	한국인
1971	2 (14.3)	2 (14.3)	2 (14.3)	2 (14.3)	6 (42.9)	0 (0.0)
1996	10 (45.5)	3 (13.4)	2 (9.1)	1 (4.5)	5 (22.7)	1 (4.5)

Note: Parenthesized figures are percentages of the total and sum to 100 percent.
Source: Office of the Administrative Director, Hawai'i Department of the Judiciary.

② 하와이주 한인 법조계

1) 하와이 한인 법조계의 성장

이민 초기 한인들의 하와이 법조계로의 진출은 거의 이루어지지 않았다. 한국인 최초로 미국에서 법학박사(J.D.)를 취득한 이는 강영승이다. 그는 17세 때인 1905년에 가족과 함께 하와이로 이주해 한인기숙학교와 고등학교를 졸업한 후 의학을 공부하러 샌프란시스코로 향했다. 향후 조국이 독립하면 정치가가 필요할 테니 법학을 전공하라는 주위의 권유를 받아 1913년경 시카고 소재 해밀턴 법률대학Hamilton College of Law에 통신교습생으로 법학공부를 시작하였다(연효진 2019: 6). 당시 해밀턴 법률대학은 통신수학을 통해 학점을 이수하고 학위를 수여하고, 장학금 혜택과 변호사 시험 응시자격을 갖출 수 있다는 내용으로 신문광고를 냈는데, 강영승은 이 광고를 보고 진학하였다고 한다. 기록에 의하면 그는 통신교습 후 해밀턴 법률대학으로부터 정식으로 입학해 공부하라는 통지를 받고 시카고로 향했다고 한다. 1920년에 그는 한국인 최초로 법학박사 학위를 받았다. 그 후 변호사 시험에도 합격하였으나 시민권을 취득하지 못해 변호사 개업을 하지 못했다. 그러나 그는 교육활동과 함께 법률지식을 활용하여 한인들의 권익보호에 힘쓰며 한인사회의 기틀을 마련하는데 기여하였다.

미국시민권을 받기 쉽지 않았던 시절에도 엄연히 한인 교민사회가 존재하였고 그들을 위한 법률 서비스가 필요하였다. 1920년대에 정태화는 하와이 대학교를 3학년까지 다니다 자신은 재류 외국인이기 때문에 변호사 개업을 할 수 없다는 사실을 알게 되어 법률가가 되겠다는 희망을 접었다. 그는 학교를 중퇴하고 양복 재봉사가 되었고, 나중에는 부동산으로 큰 돈을 벌었다. 하지만 그는 법정의 통역사나 입회인이 되어달라는 요청을 받으면 법정에 참석하는 것을 좋아하였다고 한다(로버타 장·웨인 패터슨 2008: 130).

한 기록에 의하면 시민권을 받지 못한 한인 3명이 1925년에 하와이 공공도서관에서 일을 하고 있었는데, 이 사실을 누군가가 문제

제기하였다. 이에 "그들처럼 실력이 있는 사람들을 찾을 때까지 계속 일을 할 수 있다"는 법무국장의 특별 허가를 받고 계속 일을 하였다는 기록이 있다(이덕희 2003: 146). 이들은 일종의 법률보조 업무도 수행했던 것으로 전해지고 있다. 이렇듯 당시 한인사회에서는 법률가가 아니지만 법원에서 준법률가로서 통번역 등의 업무를 지원하였던 사람들이 적지 않았다(이덕희 2003: 146). 예를 들면 이태성은 1904년 20세에 하와이로 와서 한인 1세의 딸인 릴리 박과 결혼을 하였는데, 그는 사탕수수 농장에서 잠깐 일을 하다가 자리를 옮겨 여러 곳에서 전문 번역일을 하였다. 하와이 순회법원에서도 일하였다는 기록이 있다.

하와이의 국민회Korean National Association, KNA는 합성협회와 공립협회를 합병하여 설립되었는데, 한때 회원 수가 2천여 명에 달했다. 국민회는 한국 해방 외에 다른 목적도 가졌다. 국민회는 나라의 주권을 빼앗긴 한국인들에게 국제 영사관과 같은 역할로 회원 개개인을 책임지고 회원들의 비자발급, 복지사업, 재류 외국인 등록, 교육, 법률문제를 도와주었다. 아울러 경찰관과 공무원들은 대수롭지 않은 범법자 문제나 그 밖의 문제들은 공권력을 행사하기 전에 국민회로 가져와 조용히 해결하기도 하였다. 하지만 이러한 법적인 문제를 해결하는데 어떤 사람들이 관여하였는지에 대해서는 알려져 있지 않다.

1959년부터 2세 청년들이 국민회에 입회하기 시작하였다. 이들 중에는 앤드류 리Andrew Lee와 같은 변호사가 있었다. 또한 하와이 한인협회Korean Community Council of Hawaii, KCCH는 1960년에 결성되었는데, 창립위원은 대부분 한인 2세들이었다. 1961년 한국을 방문했던 제1차 한인협회 친선사절단에는 최영조, 장원배 등의 법률가가 포함되어 있다.

한국계 2세들 중 대표적인 법률가 중 하나인 장원배 판사는 하와이 대학을 졸업하고 보스턴대 로스쿨을 졸업했다. 그는 변호사로 활동하면서(1956-64) 하와이 영토 하원에 선출되어 1968년까지 활동한 바 있다(이덕희 2003: 148). 그 후 판사에 임용되어 하와이주 지방법원 판사(1968-71), 그리고 순회법원 판사(1971-1987)를 지냈다. 그의 아들인 개리 장(한국명 장원배)도 현재 순회법원 판사로 근무하고 있다.

쪼지 배태희 전 하와이주 판사는 초기이민 2세이다. 하와이 대학교와 미시건 대학교에서 학부를 졸업하고 남가주대학USC 로스쿨을 졸업한 그는 1967년에 검사로 임용된 후 1971년에는 하와이주 검찰총장으로 임명되어 3년간 봉직하였다. 그 후 변호사로 개업한 후 1979년에 하와이 주법원 판사에 임용되었다.

같은 시기에 활동한 임관희 변호사는 1960년대 하와이상공회의소 회장을 지냈으며, 전쟁영화 〈비범한 용기Uncommon Valor〉에 조연으로 출연하였으며, 〈매그넘 P.I.Magnum P.I.〉 및 〈하와이 50수사대 Hawaii 5-0〉 등의 TV 드라마에 출연하기도 했던 특이한 경력을 가지고 있다. 그의 아들인 존 림 판사는 이민 3세 법률가의 선두주자로서 하와이 대학과 스탠포드 로스쿨을 졸업하였다. 1993년 하와이주 가정법원 판사, 1995년 하와이주 지방법원 판사, 그리고 1999년 하와이주 고등법원 판사에 임명되었다. 2000년에는 빌 클린턴 대통령이 하와이지구 연방지방법원 판사에 임명하였으나 공화당이 다수를 차지했던 상원에서 청문회도 열지 못해 임용되지 못하였고, 2007년에 작고하였다.

한인 이민 3세인 법률가 중에 하와이주 사법부에서 가장 고위직에 임명된 사람은 로널드 문Ronald Moon 대법원장이다. 문 대법원장은 1990년 49세에 하와이 대법원 판사에 임명된 후 1993년에 한인 최초로 미국에서 주 최고법원장에 오른 입지전적인 인물이다. 그의 할아버지 문정헌과 외할아버지 이만기는 1903년 1월 13일 이민 선조 102명에 포함돼 호놀룰루 항에 도착했다. 할아버지는 한국에서 사진 신부를 데려왔고 사탕수수 농장 노동계약이 끝난 뒤 오하우섬 와히아와로 이주해 양복점을 차린다. 그는 아내가 3남 1녀를 낳고 26세에 숨지자 혼자 아이들을 꿋꿋하게 키운다. 외할아버지 역시 노동계약 만료 후 이발소를 운영하다 한국에 두고 온 아내를 15년 만에 데려온다. 이후 두 사람은 사돈을 맺어 문정헌의 둘째 아들 문덕만(영어명 듀크 문)과 이만기의 딸 이메리는 가정을 이루고 문대양을 낳는다. 할아버지는 '바다 같은 큰 인물'이 되라는 바람으로 대양이란 이름을 지었다고 한다(이선주·로버타 장 2014: 44-74).

　문 전 대법원장은 하와이에서 초, 중, 고등학교를 졸업하고 코우 칼리지에서 신학, 심리학과 사회학을 전공한 후 1965년 아이오와 주립대 로스쿨을 졸업하였다. 1966년부터 변호사 업무를 시작한 그는 립쿠만, 벤추라, 문, 아야베Libkuman, Ventura, Moon, Ayabe 법률사무소의 파트너 변호사를 거쳐 호놀룰루 카운티 검사, 하와이주 순회법원 판사를 역임하고 1990년에 하와이주 대법원에 최연소 대법원 판사에 임명된다. 그후 1993년 대법원장에 임명되어 17년간 대법원장직을 수행하였다. 문 대법원장은 총 28년간의 법관 경력 중 3년은 대법원 판사, 그리고 17년 동안은 대법원장으로 있었는데, 그것은 하와이가 미국의 주로 편입된 후 대법원장으로서 가장 긴 기간 동안 재임한 기록이기도 하다. 그의 재임기간 중의 하와이주 대법원은 동성결혼금지법률을 위헌이라 판시하였고, 본인은 공화당 지지자였지만 하와이 원주민의 재산권 및 환경권 관련한 많은 진보적인 판결과 법리를 만들어 냈다(Soifer 2010). 2010년 하와이주 정부는 문 전 대법원장의 업적을 기려 새로 지은 카폴레이 지방법원 청사를 '로널드 문 법원Ronald T.Y Moon Courthouse'으로 명명했다. 카메하메하 왕립 기사단Royal Order of Kamehameha은 2011년 그에게 기사 작위를 수여했다. 문 전 대법관은 2022년 7월에 작고하였다.

사진 5.1 문대양 전 대법원장과 로널드 문 법원

문대양 전 대법원장은 2003년 미주한인이민 100주년 기념사업을 거치며 현직 주대법원장으로 자신이 한국인이란 사실을 자랑스러워하며 그의 선친에 대한 애틋한 그리움을 표하기도 했다. 문대양 전 대법원장은 "나는 한인 선조들이 어떻게 하와이에 왔고 그들이 흘린 피땀을 안다"며 "내가 한인이란 사실이 자랑스럽다. 가족과 타인에게 감사하고 사회에 감사할 줄 아는 자세는 조부와 외조부, 부모

님의 삶에서 배웠다"고 말했다.

문 판사의 지도력 아래 사법부는 마약 법원, 정신 건강 법원, 소녀 법원 프로그램과 법원 통역사 자격증 프로그램을 시작했다. 또한 그는 재임기간 동안 4개의 법원 신축을 위한 자금을 제공한 입법부와도 효과적으로 협력했다. 법정에 들어서면 모든 사람을 존중하고 존엄하게 대하는 것으로 유명한 문 대법원장은 말만 하는 것이 아니라 행동으로 실천했다. 그는 모범을 보였고 접근성, 공정성, 국민 신뢰의 사법부를 만들기 위해 끊임없이 노력했다.

문대양 대법원장의 재판연구원law clerk으로 활동한 바 있는 글렌 김Glenn Kim 판사 역시 하와이 이민 3세이다. 그는 하버드 대학을 졸업 후 하와이대 로스쿨을 수석으로 졸업하였다. 1993년부터 2007년까지 호놀룰루시의 부검사장으로 활동하였으며, 2007년 순회법원 판사로 임명되었다. 그와 함께 순회법원 판사로 재직 중인 한국계 판사로는 이민 3세인 개리 장Gary Chang 판사가 있다. 하와이대와 워싱턴 곤자가 로스쿨을 졸업한 그는 변호사와 주검찰총장보로 활동하다가 아버지인 장원배 판사의 대를 이어 1999년에 순회법원 판사에 임용되었다.

하와이 대한인국민회장을 지낸 애국지사 안원규의 손녀이기도 한 이민 3세인 캐런 안Karen Ahn 판사는 최초의 한국계 여성판사로 보스턴 대학교와 하와이대 로스쿨을 졸업하였다. 법률가가 되기 전에 호놀룰루 애드버타이저Honolulu Advertiser 기자와 채널2의 기자를 역임하였다. 그 후 지미 카터 행정부의 백악관 공보실에서 근무하기도 하였다. 그러나 카터 대통령이 재심에 실패하자 언론계를 떠나 로스쿨에 입학해 법률가가 되기로 한다. 졸업 후 무엇을 할까 고민

하다가 로펌의 사무실에 앉아 계약서류 더미들을 검토하는 일보다는 법정에서 변론하는 것에 더 흥미를 느꼈다고 한다(인터뷰 #28). 그를 아는 주위의 사람들은 적성에도 맞고 능력 발휘를 할 수 있도록 법정 소송과 관련된 일을 하라고 조언하였다고 한다. 특히 TV 기자 시절 습득하였던 짧은 문장으로 명료하게 말하고 적절한 시각 자료를 효과적으로 활용하는 그의 능력은 배심재판에서 무척 유용했다고 한다. 결국 호놀룰루시의 검사를 거쳐 하와이주 지방법원 판사(1994), 순회법원 판사(2000)에 임용되었고 2016년에 은퇴하였다.

에스터 권 아리나가Esther Kwon Arinaga 변호사는 공익인권 분야에서 활동한 대표적인 한인 변호사이다. 그의 부친은 하와이에서 큰 건축자재상을 운영하였고 발명가이기도 하였다. 이민 2세인 아리나가 변호사는 하와이 대학에서 정치학을 전공하고 아시아학과에서 석사학위를 취득하였다. 그녀의 부친과 모친은 모두 일제 강점기때 하와이에서 적극적으로 독립운동을 전개하였다.

그녀의 남편은 카우아이 섬의 작은 농장마을 출신이고 제2차 세계대전 당시 군 정보부대에 근무하고 있었다. 그는 일찍 아버지를 여의고 어머니가 5남매를 키우느라 생활은 넉넉지 못했다. 종전 후 하와이에 돌아와 제대군인을 위한 'GI 빌'의 혜택을 받아 가족 중 처음으로 대학에 진학하였다. 당시 가장 빨리 학위를 받을 수 있었던 사회복지학과에 진학하였는데, 거기서 장래 아내가 될 아리나가 변호사와 만나게 되었다. 두 사람은 앨런 손더스Allan Saunders 교수의 정치학 강의를 들으면서 큰 영향을 받게 되는데, 손더스는 미국 시민자유연맹 하와이 지부ACLU-Hawaii와 여성유권자연맹League of Women Voters을 설립한 장본인이었다.

오랫동안 형사 교정국 공무원으로 근무하면서 경찰, 법원, 교정시설에 관한 경험을 쌓은 후 52세의 나이에 하와이대 로스쿨에 진학하여 1985년에 졸업하였다. 로스쿨 시절 이민변호사였던 빌 호시조Bill Hoshijo를 만나 졸업 후에 그의 로펌에 취직하여 이민자들의 권익증진을 위한 법률구조 활동을 시작하였다. 30여 년 동안에 걸쳐 하와이변호사재단Hawaii Bar Foundation, ACLU-Hawaii, 사법역사센터 Judicial History Center 등 그녀가 관여한 위원회는 모두 공익인권을 위한 것이었다. 특히 제일감리교회First United Methodist Church에서 운영한 법률클리닉The Legal Clinic은 강제추방, 망명 등 어려움에 처한 이민자들에게 필요한 법률구조 활동을 제공하였다. 그녀는 2018년에 은퇴한 후에도 계속적으로 법률 클리닉을 지원하고 있다. 아리나가 변호사의 딸도 법률가인데, 하와이전력회사HECO의 부사장이자 법률고문을 지내고 은퇴하였다.

2) 법조계 외에 활동 중인 한인 법률가

전통적인 법조 이외의 선거직 공직으로 나가려는 한국계 법률가들은 아직은 많지 않다. 1999년 미주 한인 1.5세로 최초로 주하원의원에 당선되었고, 2022년 한국계 최초로 미국의 주정부 고위직에 당선된 실비아 장 루크Sylvia Luke(한국명 장은정) 부지사가 대표적이다. 실비아 루크 부지사는 하와이주의 제16대 부지사로, 하와이주에서 세 번째로 여성으로 부지사에 당선된 인물이다. 그는 주하원에서 미주한인 이민100주년 기념사업 성공 개최를 위해 20여만 달러 주정부 지원금을 한인사회에 배당한 주인공이기도 하다.

서울에서 태어난 실비아 루크 부지사는 9살 때인 1977년에 부모님과 형제자매와 함께 호놀룰루로 이민을 온 한인 1.5세대이다. 그녀는 퀸 카아후아누 초등학교에 다녔고, 5학년 담임 선생님의 도움으로 영어를 배웠다. 이후 루즈벨트 고등학교와 마노아에 있는 하와이 대학교를 졸업했다. 대학 시절 하와이 대학교 총학생회의 몇 안 되는 여성 회장 중 한 명으로 선출되면서 공직에 첫발을 내디뎠다. 학부 졸업 후 샌프란시스코 대학교 법대에서 학업을 계속했다.

루크 부지사는 공직에 몸담는 동안 하와이 여성 변호사회, 하와이 의료 협회, 하와이 기술 무역 협회, 한인 연합, AARP 하와이, 하와이 농장국, 미국 휴메인 소사이어티, 하와이 푸드뱅크 등 여러 단체에서 옹호 활동과 리더십을 인정받아 연례 주 직원 푸드 드라이브 의장으로 활동해 왔다.

루크 부지사는 하와이 아동들의 교육과 미래를 지원하기 위해 하와이주의 광대역 확장 노력과 유치원에 대한 보편적 접근을 위한 이니셔티브인 '레디 케이키'를 이끌고 있다. 그녀는 하원의원으로 활동하며 하와이주 하원경제개발 및 비즈니스위원회 부위원장(1999-2000), 하와이주 하원 부의장(2001-2004), 하와이주 법사위원장(2005)을 거쳐 10년 넘게 재정위원장을 지내면서 주 예산의 투명성과 책임성을 제고하는 데 기여했다는 평판을 얻었다.

새론 하Sharon Har 전 하와이주 하원의원은 마운트 홀리요크 Mount Holyoke 대학에서 정치학과 사회학을 전공하였고, 존 마셜John Marshall 로스쿨을 졸업하고 하와이 대학에 방문학생으로 다녀온 바 있다. 주의회에는 2006년에 처음 당선되었으며 2022년까지 재임하였다. 현재 하 의원은 호놀룰루에 소재한 베이 렁 로즈 홀마Bay

Lung Rose & Holma 로펌에서 부동산, 토지이용, 및 건설 분야의 소송을 담당하고 있다. 그 이전에는 마지 히로노Mazie Hirono 하와이주 부지사의 교육, 운송, 및 첨단기술 분야의 자문역으로 활동하였다 (1999-2002). 하 의원은 다양한 지역사회단체에서 활동하였는데 그 중에는 하와이 소년소녀 클럽Boys & Girls Club of Hawaii, 알로하 유나이티드 웨이Aloha United Way, 하와이 혈액은행the Hawaii Blood Bank, 하와이 한인 상공회의소Hawaii Korean Chamber of Commerce 등이 있다. 하 의원은 한인타운 지정법안을 주의회에서 발의하기도 하였다.

법률가는 아니지만 한국계 행정부 지도자로 손꼽히는 사람은 하와이주 최초로 한국계 시장에 당선된 해리 김 하와이 카운티 시장이 있다. 1939년생인 그는 하와이 최초의 한인 농장 노동자 중 한 명인 김인기 씨의 아들로 태어났다. 이민 2세인 김 전 시장은 하와이 힐로 고등학교와 하와이주립대학교(힐로 소재)를 다녔으며, 1967년 남오레건 주립대학교 사회학과를 졸업하였다. 1971년부터 힐로 고등학교 교사와 도시안전국 재해 담당관(1976-2000)을 24년간 지냈으며 2000년에 빅 아일랜드(하와이섬)의 하와이 카운티의 시장에 당선되고 2004년에 재선되었다. 2000년부터 2008년까지 하와이 카운티 시장직을 역임했던 해리 김 시장은 10달러 선거자금 모금운동으로 청렴 정치인의 이미지를 전국적으로 부각시킨 바 있다. 2012년에 자신의 후임이자 현직시장이었던 빌리 케노이Billy Kenoi에 맞서 또다시 시장 선거에 나섰으나 49% 득표율로 아쉽게 낙선하였다. 그 후 케노이 시장의 부정으로 하와이주 카운티의 신뢰가 무너지자 또다시 2016년에 재출마를 선언하였고 선거에서 51.6%의 득표율을 기록하여 당선되었다. 한인 정치인으로 가장 널리 알려져 있고, 깨끗한 정치를 실천하여 대중들로부터 높은 지지를 받고 있다. 김 전 시장은 재임 기간 동안 환경보호, 저소득층을 위한 주택, 인프라 개발과 같은 문제를 우선순위에 두었다. 그는 2006년 지진과 2018년 킬라우에아 화산 폭발 등 하와이 카운티를 강타한 여러 자연재해에서 리더십을 발휘한 것으로도 유명하다. 김 전 시장은 시장 임기가 만료되던 2020년 12월에 은퇴하였다.

사진 5.2 해리 김 전 시장과 필자

제6장

하와이 한인 법률가의
양성과 직업문화

① 로스쿨에서의 사회화

하와이주의 법조계로 진출하기 위해서는 예외 없이 로스쿨을 졸업해야 한다. 하와이주 법률시장의 규모는 작은 편이고, 주내 유일한 로스쿨인 하와이대 로스쿨 출신들이 대다수를 차지하고 있다. 1973년 하와이주 로스쿨이 개원하기 이전에는 본토의 로스쿨 졸업자들이 법조계를 형성하였으나, 현재 하와이주 법조계와 정계를 움직이는 지도자들은 대부분 하와이대 로스쿨 출신이다. 이런 점에서 볼 때 하와이대 로스쿨 교육에 있어서 인종, 종족성이 어떠한 위치를 차지하고 있는지를 살펴보는 것은 중요할 것이다.

1) 로스쿨 입학과 교육

아시아계 변호사들을 대상으로 한 최근의 조사연구에 의하면, 지난 30년 동안 아시아계의 로스쿨 입학은 다른 어떤 인종 종족 집단보다 많이 증가하였다. 1983년부터 2013년 사이에 로스쿨에 입학한 흑인의 수는 2배 증가하였고 히스패닉의 수는 3배 증가하였지만 아시아계는 4배 이상 증가하였다. 그러나 2009년부터는 그 수가 다른 어떤 인종 및 종족보다 더 하락했다. 그리고 2016년에 로스쿨에 입학한 아시아계의 수는 20년 동안 가장 낮았다(Chung et. al. 2017: 8-9). 아시아계 학생들 중 상위 20%의 로스쿨[1]에 진학한 학생들은 34%에 달하였고, 절반 이상이 상위 40%의 대학에 진학하였다(Chung et. al. 2017: 9). 이는 백인 학생들의 비중에 비해서도 월등하게 높은 숫자이다.

하와이주 법조계에서 하와이대 로스쿨 졸업생들이 차지하는 비중은 지대하다. 하와이주 변호사협회에 등록된 변호사들의 출신학교에 대한 공식적 통계는 공개되어 있지 않지만 하와이대 로스쿨이 압도적일 것으로 추정된다. 1973년에 하와이 대학에 로스쿨이 설립되면서 하와이 출신들이 굳이 본토에 진학하지 않아도 하와이대를 졸업하면서 법률가 자격을 취득할 수 있게 되었다.

데비 후앙 변호사는 하와이에서 사립 고등학교를 졸업 후 프린스턴대에서 수학하였다. 그 후 스탠포드 로스쿨을 졸업하고 뉴욕의 대형로펌에 취직했다가 하와이로 돌아와서 하와이 전력회사의 사내변호사로 근무하였다.

예를 들어 하버드에 갔다면 사람들이 잘 알지 못하는 학교에 간 것보다 어렵지 않게 취직할 수 있겠지요. 하와이 출신이 아니고 여기에 아는 사람도 별로 없다면 조금 더 어려울 수 있지만, 어떤 종

1 U.S. News & Report지 발간 로스쿨 순위에 의함.

류의 경험을 가지고 있는지에 따라 달라질 수 있기 때문에 어떤 로스쿨을 다녔는지는 그리 중요하지 않을 수 있다고 생각합니다. 처음에는 리처드슨(하와이대 법대) 졸업생이라든가 하버드, 스탠포드 졸업생이라든가 하는 것이 도움이 될지 몰라도, 그 후에는 그가 어떤 종류의 일을 해왔고 동료들이 당신의 일에 대해 어떻게 평가하는 것인가가 더 중요할 거에요. 하지만 하와이에서 변호사가 되려면 하와이대 로스쿨을 졸업한 것이 확실히 도움이 되리라 생각합니다(인터뷰 #29).

하와이대 로스쿨은 윌리엄 리처드슨William S. Richardson 하와이주 대법원장(1966-1982 재임)의 적극적인 노력으로 만들어졌다. 하와이 원주민과 중국인의 피가 섞인 리처드슨 대법원장은 재임 중 소수자를 보호하고 하와이 전통과 문화를 존중하는 판결들을 다수 이끌어냈고, 그의 이름을 딴 하와이대 로스쿨William S. Richardson School of Law에서는 그의 정신을 이어받은 공익적 법률가를 양성하는 것을 목표로 하고 있다. 설립 초기에 하와이대 로스쿨을 다녔던 캐런 안 판사는 당시 학교가 "서로 경쟁하지 않는 평등주의적 분위기였는데, 어떤 사람들은 그런 점을 좋아했고 다른 사람들은 못마땅하게 생각했을 수도 있었을 것"이라 회고한다.

그의 대법원장 재임기간 중 하와이 법원들은 공공의 이익과 집단의 권리를 더 폭넓게 인정하였다. 대표적으로 하와이 해변에 대한 공공의 소유권과 이용권을 인정하였고,[2] 토지등록부 시스템에도 그러한 원칙이 반영되도록 하였으며, 정부에게 해안을 공공의 이용을

---

2 *In re* Ashford, 440 P.2d 76 (Haw. 1968).

위해 보전할 의무를 부과하였다. 또 다른 의무로는 하와이의 문화, 역사, 언어에 관한 연구를 장려하고 모든 공립학교에서 하와이 관련 과목을 가르치도록 하였다(MacKenzie 2011). 이러한 점들은 모두 법리에 있어서 미국본토와 달리 하와이의 특수성이 반영된 결과이다. 예컨대 집합권, 어업권, 수권, 전통 조교의식을 위한 특정 토지에의 접근권 등 하와이 원주민들의 관습법과 관행들이 법적으로 일부 인정되고 있다.

하와이대 로스쿨은 미국변호사협회가 인가한 205개의 로스쿨 중 100위권에 해당하는 학교로 평가되고 있어서 상위권 학교는 분명 아니다. 그러나 이 학교는 학생(23.9%)과 교수(47.9%)의 다양성 지수가 가장 높은 학교로 평가된다.[3] 전임교수 46명 중 절반이 여성이고 절반이 소수인종이다. 또한 소수인종은 특정 종족에 한정된 것이 아니라 다인종학생이 29%에 달한다. 소수자 학생들에게 제공되는 자원이 많고, 또한 나이 많은 학생들이 선호하는 학교 중 하나로도 평가되고 있다.[4] 아울러 학생구성과 커리큘럼 측면에서 아시아계 학생들에게 가장 우수한 환경을 가진 학교로 선정되기도 하였다.[5]

---

3 Law School Diversity Index, Best Grad Schools, U.S. New Rankings, 2020. https://www.usnews.com/best-graduate-schools/top-law-schools/law-school-dive rsity-rankings) (2020년 7월 6일 검색).

4 Princeton Review (2020 edition)에서는 각각 2위와 3위로 선정되었다.

5 Prelaw Magazine, Best Law Schools for Diversity, Winter 2018, pp. 36-37 (https://bluetoad.com/publication/frame.php?i=468824&p=30&pn=&ver=html5). UC Irvine과 UC Davis가 2위와 3위에 선정되었다.

표 6.1 하와이대 로스쿨 재학생의 인종/민족성 현황(2018년 졸업생 기준)

	남성		여성		전업학생		파트타임 학생		전체	
	#	%	#	%	#	%	#	%	#	%
히스패닉	22	12.7	6	4.3	23	9.2	5	7.8	28	8.9
아메리칸 인디언	0	0.0	1	0.7	1	0.4	0	0.0	1	0.3
아시안	42	24.3	37	26.2	62	24.8	17	26.6	79	25.2
흑인	3	1.7	3	2.1	2	0.8	4	6.3	6	1.9
하와이 원주민	5	2.9	5	3.5	10	4.0	0	0	10	3.2
다인종	40	23.1	49	34.8	75	30	14	21.9	89	28.3
소수자 전체	112	64.7	101	71.6	173	69.2	40	62.5	213	67.8
백인	55	31.8	37	26.2	69	27.6	23	35.9	92	29.3
외국인	4	2.3	3	2.1	7	2.8	0	0	7	2.2
인종/종족성 미상	2	1.2	0	0.0	1	0.4	1	1.6	2	0.6
전체	173	100	141	100	250	100	64	100	314	100

하와이대 로스쿨에서 아시아계(25.2%)의 지위는 백인(29.3%)에 이어 가장 많은 인종 집단이고(〈표 6.1〉 참조), 따라서 특별대우를 해주어야 하는 소수자로 인정되고 있지 않다. 이곳에서 인종적으로 특별한 고려를 받는 집단은 하와이 원주민 집단이다. 학생 구성의 다양성을 실현하기 위한 특별 프로그램으로는 후술할 '울루 레후아Ulu Lehua 프로그램'이 있다.

(1) 로스쿨 지원동기

전술한 아시아계 변호사 대상 조사연구에 의하면 아시아계 법률가 중 사회적인 영향력을 얻기 위해 혹은 정부나 정치계로 진출하기 위해서 로스쿨에 진학하였다고 말한 응답자는 아주 소수였고, 그와 같이 응답한 백인이나 흑인, 히스패닉의 절반에도 미치지 못하였다 (Chung et. al. 2017: 11). 지원동기 중 가장 높은 비중을 차지했던 것은 만족스러운 커리어, 지적 도전, 사람들을 도와줄 수 있는 기회가 많다는 것이었다(Chung et. al. 2017: 11). 결국 안정적이면서 사회적 공헌이 가능한 직업이라는 것이 법률가를 선호하는 이유였다. 실제 한국계 법률가들의 로스쿨 지원동기는 이민의 세대간 혹은 개인적인 가정환경에 따라 다양하게 나타났다.

한국계 이민 3세 여성 변호사인 미셸Michele은 현재 호놀룰루에서 소형 로펌을 남편과 함께 운영하고 있다. 그녀는 하와이 대학을 졸업하고 1960년대 초반에 미시건 대학교 로스쿨에 진학하였다. 이 시기에 미국의 로스쿨에 재학 중인 여성은 인종과 종족적 배경을 막론하고 매우 소수에 속한다. 그녀는 사실 학부를 졸업할 때까지 특별히 법률가가 되고 싶은 생각은 없었다. 진로상담 카운슬러의 권유로 우연히 로스쿨에 지원하게 되었고, 하와이주에 로스쿨이 없었던 시절이라 본토의 유명 로스쿨을 지원하여 모두 합격하였다. 미시건 대학을 선택한 이유는 "숙부가 거주하고 있는 미시건주로 가야 한다고 아버지가 강권하였기 때문"이다(인터뷰 #10).

이민 2세인 개리 장 판사는 로스쿨 진학을 결심하는데 부친인 로버트 장 판사의 영향을 받지 않았다고 한다. 아버지가 법률가라서 그로 인해 어떤 이익을 취하고 싶지 않았기 때문에 심지어 로스쿨에 지원한 사실조차 알리지 않았다. 그의 아버지는 가정에서 직장에 대한 이야기를 전혀 하지 않았고, 집으로 일감을 가져오지도 않았었기 때문에 구체적으로 법률가라는 직업에 대해 자세히 알 수 있는 기회를 가지지 못했다고 한다. 다만 법률가가 안정적인 직장이라는 인식은 어렴풋이 갖게 되었다.

　　아버지는 나한테 무슨 직업을 택하라는 식의 강요를 하지 않았고
내가 하고 싶은 대로 놔두는 스타일이셨지요. 내가 로스쿨을 선택한
동기는… 음… 학부 시절에 나는 교사가 되고 싶었어요. 그런데
하와이에서는 교사의 급여가 높지 않았고 결혼을 하고 가정을 꾸리
며 살기에는 부족하지 않나 생각되었어요. 교직에만 머물러서는 내
가 원하는 삶을 영위하기에 경제적으로 어렵다고 보았지요. 그래서
다른 직업들을 생각해 보았는데 내가 잘 못하는 것들을 하나하나씩
지워나가기 시작했는데 수학이나 과학에는 자신이 없어 의사나 회
계사, 엔지니어는 되지 못할 거라 생각했고 그러다 보니 남는 게
별로 없었는데 그 중 하나가 법률가였지요. 아버지도 집에 업무를
가져오셔서 일하신다던가 직장에서의 일에 대해 일절 말하지 않으
셔서 법률가로서의 삶에 대해서 알지 못했고요. 하지만 아버지가
법률가이고 판사라는 사실만으로도 그게 아주 낯선 직업은 아니었
던 거죠. 그래서 로스쿨에 진학하게 되었는데 사실 나는 뛰어난 학
생은 아니었어요. 성적도 평범했고요. 내 고등학교 급우들은 내가
나중에 법률가가 되고 판사가 되었다는 말을 듣고 아주 놀랐어요
(인터뷰 #18).

이민 2세인 루더 임과 같이 고등학교 때 '연설과 토론' 동아리 활
동을 통해 자연스럽게 관심을 갖게 되어 학부에서 정치학을 전공한
후 로스쿨에 진학하겠다는 뚜렷한 목표가 있었던 사람도 있다. 특별
한 이유가 없이 수학, 과학, 의학 등 부모가 선호하는 전공에는 흥미
가 없거나 적성에 맞지 않는 것 같아 결국 하나하나 "탈락의 과정"

을 통해 법학을 선택하게 되었다는 경우도 적지 않았다. 법학을 어쩔 수 없이 선택한 사람도 있는 반면, 과거 한인 이민자들이 별로 선택하지 않았던 인문사회계를 일부러 선택했던 소신을 갖고 있는 사람도 있었다.

> 제가 대학에 다닐 때만 해도 동양에서 이민 온 사람들이 로스쿨 가는 사람이 많지 않았어요. 그래서 나라도 들어가야겠다. 즉 동양 사람, 한국사람도 수학이나 컴퓨터 같은 쪽이 아니라 인문사회과학 쪽 전공도 할 수 있다. 더 뭐랄까 한쪽으로 기우는 것보다 우리가 이 나라에서 뿌리내리기 위해서는 여러 분야로 나가야지 한쪽으로만 나가면 안되겠다. 그래야 사람들의 인식을 바꿀 수 있다. 그래서 내가 딴 쪽으로 가 봐야겠다 생각해서 로스쿨에 갔어요(인터뷰 #33).

일부 학생들에게는 명성이 높고 실용적이지만, 의료 분야에 필요한 과학이나 수학에 소질이 없는 학생들에게는 법학이 기본 선택지가 되었다. 그러나 수학이나 과학을 두려워하지 않고 오히려 해당 분야에 대한 전공 교육을 받았기 때문에 법학을 선택한 학생들도 있었다. 자신의 진로 옵션을 평가할 때 자연과학 학위를 받은 법학도들은 법학을 자신의 기술적 능력을 활용할 수 있는 기회로 여겼다. 의사나 미술가 등의 경력을 희망하다가 보다 사회에 실용적이고 사람들에게 더 유용한 일을 하고 싶어서 로스쿨에 진학한 사람들도 있었다.

> 저는 로스쿨에 오기 전에 법률구조 단체에서 일했어요. 노숙자 아웃 리치 팀에서 일했는데 그곳에서 일하는 것이 정말 즐거웠어요.

학부에서는 프리메디칼 전공이었지만 이 일을 통해 제 적성이 의사보다는 변호사가 더 잘 맞겠다고 생각했지요. 의사가 되면 사람들이 아프고 죽는 슬픈 광경들을 보게 되는데, 법이 감정적으로 덜 힘들것 같고 공공 부문에서 일하는 것을 좋아해서 법조계로 진로를 결정했어요(인터뷰 #26).

일부 학생들은 자신의 기술을 법에 적용하는 대신 자신의 레퍼토리를 넓히기 위해 로스쿨을 선택했다. 이 학생들은 자신의 커리어를 어떻게 실현할지 계산하고 전략적으로 법학을 전공하기로 결정했다.

로스쿨에 가려면 좋은 학점을 받아야 한다는 걸 알았어요. 그래서 저는 제가 관심 있는 분야를 선택해야 성공할 수 있다는 조언을 받았어요. 저는 사람에 관심이 많고 화학이나 물리학 같은 것보다는 사회과학, 그런 종류의 과학을 더 좋아합니다. 그 후 로스쿨에 지원할 때 저는 "아, 심리학에 관심이 있구나"라고 생각했어요. 그래서 심리치료사가 될 수도 있겠다고 생각했지만 공부를 하면서 변호사가 되고 싶다는 것을 더 많이 깨달았습니다(인터뷰 #23).

이민 1.5세대인 다니엘 조 변호사의 가족들은 뉴욕으로 이민온 후 자영업을 하면서 온 가족이 하루도 쉬지 않고 가게 일을 도왔다고 한다. 대학에 진학하고 로스쿨을 나와 변호사가 되는 것은 원래부터 희망했던 진로는 아니었지만, 가족들을 위해 희생했던 부모에 대한 죄책감과 그들의 기대를 저버릴 수 없었기 때문이었다.

부모님들이 굉장히 열심히 사셨어요. 그걸 우리한테 보여주고 또

굉장히 양심적으로 사셨어요. 만약 부모님이 그러지 않으셨으면 벌써 나쁜 쪽으로 빠졌을 거에요. 내가 딴 쪽으로 가려 해도 부모님한테 너무 미안한 거에요. 이렇게 열심히 살고 똑바로 사시려고 노력을 하시는데 내가 가슴 아프게 해드릴 수가 없더라고요. 그렇지 않아도 맨날 사고만 치고 다니는데. 그래서 이제 더 내가 열심히 살아야 되는구나 하는 책임감을 어려서부터 많이 느낀 것 같아요(인터뷰 #33).

또 다른 1.5세대인 추 변호사는 외교관이셨던 아버지가 자식들의 장래를 위해 귀국을 포기하고 하와이에 살게 되었다. 그는 미국에 온 지 6년째 되던 1976년에 사립 고등학교에 지원하여 합격하였지만, 본토의 명문대학에 진학하지 못해 아버지를 실망시켰다고 생각한다. 당시 그는 "하와이 생활에 너무 빠져서 매일 서핑을 했는데 5년이 지나고 나서 그 생활방식이 지속하지 않다"(인터뷰 #36)는 것을 깨달았고, 로스쿨에 진학하기로 결심하게 되었다고 한다. 그의 부모는 법률가의 길을 가라고 강요한 것은 아니었지만, 존경받을 만한 직업을 갖기를 원하였고, 추 변호사는 그것이 로스쿨 진학에 결정적인 역할을 했다.

이민 2세인 리처드Richard가 법률가가 된 이유는 "베트남전의 징병을 피하기 위함"이었다(인터뷰 #8). 로스쿨을 가면 징병유예를 할 수 있었기 때문이었다. 그의 아버지는 이북 출신 기독교 목사였고, 할아버지 역시 목사였다. 일본에서 대학을 마친 그의 아버지는 미국 선교사의 후원으로 1938년에 미국으로 이주하여 사우스 다코타 주에서 사역을 시작하였고 1953년에 호놀룰루로 이주해왔다. 어려서부터 아버지의 교회를 통해 많은 교민들을 접한 그였지만 목사가 될 생각은 별로 없었고, 수학과 과학에 자신이 없었기 때문에 의대나 공대가 아니라 로스쿨을 택하였다고 한다. 동부의 브라운 대학을 졸업한 그는 목사인 아버지의 영향으로 로스쿨은 댈러스에 소재한 남감리교대학Souther Methodist University을 졸업하였다.

그런가 하면 이민 3세인 브렌다Brenda는 오랫동안 비서일을 하던 중 보수에 만족을 못하고 직업 장래성에 회의를 느껴 법률가의 길을 택하였다. 가족과 친척 중에 법률가는 한 사람도 없어서 주위의 도움이나 영향을 받지는 못했으나, 변호사가 되는 것은 "추호의 의심도 없이 돈을 더 벌기 위함"이었다(인터뷰 #12).

사회적 약자를 도와주거나 공적 부문에서 사회에 기여하고자 로스쿨에 지원한 변호사들도 적지 않다. 이민 3세인 남 김 변호사는 약자의 편에 서서 도움을 줄 수 있는 공익적인 일을 할 수 있다는 점이 끌렸다.

> 나는 어려서부터 언더독underdog의 입장에 서는 것을 형성하게 되었어요. 어렸을 때 아버지와 함께 레슬링 경기를 구경하러 간 적이 있었는데 "누구를 응원하냐"고 물으시더군요. 그러더니 "약자를 응원해야 한다" 하시더군요. 그런 마음가짐이 로스쿨에 지원할 때에도 유지되었던 것 같아요. 내가 한 12살이 되었을 때 변호사가 되어서 약자를 돕고싶다고 또 우리 가족을 일으키고 싶다는 생각을 하게 되었던 것 같아요. 법률가가 된 후에도 노동자들을 도와주는 일들을 하려고 했어요. GM이나 토요타와 같은 대기업을 상대로 소송을 제기하기도 하는 등 약자를 위해 일할 수 있는 기회를 갖게 된 운 좋은 변호사라고 생각합니다. 노조를 대리하기도 했고요(인터뷰 #17).

엘레나 임 변호사는 부모가 1970년대에 하와이에 이주한 한인 1.5
세대 변호사이다. 실비아 루크Sylvia Luke 하와이주 하원의원의 보좌
관으로 일한 바 있다. 엘레나는 샌디에고 대학교 로스쿨을 졸업했고,
재학시 아동권리 문제에 관심이 있었다. 로스쿨 재학 중 인턴십도
저소득층의 아동들의 문제를 다루는 기관에서 수행했다. 그 후 하와
이주 변호사협회에서 6개월간 일했었고, 하와이 주법원의 개리 장
판사의 재판연구원으로 7개월간 일했다. 사적 부문보다는 공적 부문
에서 근무하길 희망하다가 실비아 루크 주 하원의원의 사무실에서
일하게 되었다.

7살 때 하와이로 이민을 온 윌리엄 김William Kim 변호사는 1970
년대 말 하와이대를 졸업 후 보험 등 여러 업종에서 사무직으로 일
을 하다가 좀 더 사회에 보탬이 되는 일을 해보고자 로스쿨에 진학
하였다. 그가 어렸을 때 집안 형편이 곤궁하여 학교나 학생들이 주
최하는 각종 행사에 참석할 돈이 없어서 가지 못했던 경험이 있었기
에, 사회에서 경제적 약자들이 재정적 지원(정부보조 등)을 적절히 받
을 수 있도록 도와주고 싶었다. 로스쿨에 다니기 전에 보험업에 종
사하면서 많은 변호사들과 거래했는데, 그들이 하는 일을 보면서 나
도 할 수 있다는 자신감이 생겨 로스쿨에 지원하였다고 한다(인터뷰
#11). 실제로 그는 로스쿨을 졸업 후 법률구조기관Legal Aid Society에
취직하였고, 하와이 한인상공회의소의 의장을 지내기도 했다.

부모가 1980년대 후반에 이민 와서 하와이에서 태어난 죤John은
현재 로스쿨 3학년에 재학 중인데 하와이대에서 학부를 마친 후 법
률사무소에서 보조업무paralegal를 했던 경험이 로스쿨에 진학하게
된 결정적인 이유였다(인터뷰 #14).

(2) 교육방법

미국의 로스쿨 교육은 종종 백인 중심의 공간에서 주류적인 서사와 특권을 주입하고 이를 합리화한다고 비판받고 있다(Moore 2008: 31). 로스쿨에서의 소수인종 학생들의 생활을 연구한 한 연구에 따르면 인종적 프레임이 지속적으로 아시아계와 라틴계 로스쿨 학생들의 법조사회화에 영향을 미치고 있어, 로스쿨 초기부터 문화적 충격과 인종화된 경험이 이들 학생들로 하여금 범민족적pan-ethnic 단체에 소속하게 한다고 보고하고 있다(Pan 2016).

변호사처럼 생각하는 법을 배우는 강렬하고 스트레스가 많은 과정은 법대생들이 흔히 하는 이야기로, 법학 교육이 인종, 성별, 계급에 중립적인 경험인 것처럼 보이게 한다. 로스쿨에 대한 연구를 보면 수업에서의 교수와의 문답 혹은 상호작용에서는 계급 또는 젠더는 중립적인 것으로 다루어지지만, 여성과 사회경제적 배경이 낮은 사람들은 소외를 경험하고 있다고 나타난다. 로스쿨 수업, 그리고 실무에서 사회경제적 고려사항이 제외되는 것이 중립적인 것인 양 받아들여지는 현실에 대해 실망한 변호사는 이렇게 말한다.

> 야 이건 아닌데. 형사법 시스템을 봐도 없는 사람들은 조금만 잘못해도 5년 이렇게 받는데. 제가 형사법 사무소에서 인턴을 했는데 그때 RICO(조직범죄법: Rocekteering Incluenced and Corruption Organization Act)를 화이트 칼라 범죄라고 쓰게 하는데요. 아니 이 사람들은 제가 봤을 때는 뭐가 불공평한가 하면 자기가 알고 했냐, 실수로 했냐, 아니면 알면서도 너무 환경이 나쁘기 때문에 안 할 수 없는 환경에서 어쩔 수 없이 한 거냐. 이런 건 고려사항이 아닌

거에요. 하지만 그렇게 저한테는 참 중요했거든요. 좋은 학교 다니고, 좋은 가정환경 출신인 사람들하고 내가 살던 브루클린 동네 사람들은 너무 다른 거죠. 그때 마피아가 굉장히 셌어요. 영화 '좋은 친구들Goodfellas'에 나온 곳이 우리 동네고, '뜨거운 오후Dog day afternoon'에서 알파치노가 은행 터는 동네가 바로 우리 동네였어요. 이런 서로 다른 환경에서 자란 사람들이 얼마나 다른지에 대해 아무런 이해가 없는 사람들이 검사, 판사가 되어서 결정하는데 야 이건 너무 불공평하다 하고 실망을 참 많이 했어요(인터뷰 #33).

로스쿨 교육은 '표백된', 즉 직업적으로 중립적인 것으로 보인다. 표백된 커리큘럼은 인종, 성별, 계급이 법과 관련된 개인의 경험에 어떤 영향을 미치는지 고려하지 않은 법에 관한 자료를 포함하는 것이다. 이러한 프레임은 인종차별적 현실을 숨기거나 은폐하고, 그 프레임에서 벗어난 사람들이 일반적으로 사회적 불평등을 정상으로 간주하도록 유도한다.

예를 들어 1학년 계약법 수업에서였는데, 저는 그때 아웃라인outline(판례요약집)이라는 게 있는 지도 몰랐어요. 로스쿨에 아는 사람도 없었으니까, 누구 하나 알려주지 않았던 거죠. 그냥 판례 읽어오라면 그냥 계속 읽는 거였죠. 계약법 수업에서 계약이 성립되려면 당사자 간의 "의사가 합치해야 한다two parties meet their minds"고 배웠는데요. 그런데 내 살아온 경험에 따르면 집주인이 월세 계약서를 주면 우린 읽지도 못해요. 그냥 사인하는 거에요. 디테일을 우리가 어떻게 읽어요? 예를 들어서 보험에 가입하면 한달에 얼마다 이거지 뭐 계약서를 어떻게 읽어요. 사인은 하죠. 그게 현실인데. 배운

사람들은 네가 사인했으니까 네가 책임져야 한다고 하는데. 사인한
데에 대해서. 그런데 내가 보기에 그건 의사가 합치한 게 아니에요.
현실은 절대 그렇지 않아요. 그래서 교수한테 "사람들은 이런 걸
읽지도 않아요"라고 말했어요. 읽지도 못한 사람은 살지도 말라는
건가요? 장사는 해야 되는데(인터뷰 #33).

"소외감" 또는 "문화적 고립"은 아시아 변호사들이 지적한 또 다
른 공통적인 문제였다. 몇몇 아시아계 변호사는 '유일한 아시아인'
이라는 이유로 어려움을 겪거나 '백인 중상류층 환경/공감할 동료가
없음', '성차별, 인종차별, 계급주의'의 따가운 시선을 받는 것 등을
어려움으로 꼽았다.

하와이대 로스쿨이 설립되기 전에 미국 본토에서 로스쿨을 졸업
한 한국계 변호사들은 동급생 중 아시아계가 극소수였기 때문에 어
렸을 적 생활해 왔던 하와이와는 다른 문화적 충격을 경험하였다.
아시아인으로 최초로 하버드 로스쿨을 다녔던 마루모토 대법관은
그의 학창 시절을 이렇게 회고하였다고 한다.

학생들은 번호가 매겨진 좌석을 배정받았고, 교수들은 보통 학생
들이 대답할 준비를 할 수 있도록 앉은 순서대로 학생들을 불렀습
니다. 하지만 첫해에는 단 한 명의 교수도 저를 부르지 않았고 항상
저를 건너뛰었습니다. 제가 영어를 잘하지 못한다고 생각해서 당황
하게 하고 싶지 않으셨을 거라고 생각했습니다(Ogawa 2007).

1960년대 초반에 미시간대 로스쿨을 다녔던 미셸(인터뷰 #10)은
동급생 360명 중에서 여성은 5명도 되지 않았고 한국계 학생은 본

인을 포함해 2명이었다고 말한다. 1980년대 초반에 아이오와대 로스쿨을 다녔던 윌리엄(인터뷰 #11)은 본인이 유일한 아시아계 학생이었다고 한다. 당시 흑인 학생이 10명 정도 있었는데, 윌리엄은 그들과 같은 정치적 입장을 취했고, 흑인학생 모임에도 회원으로 가입했었다고 한다. 1970년대 초에 공부를 마치고 하와이에 다시 돌아온 리처드의 경험도 다르지 않았다.

> 본토에서 8년 동안 대학과 로스쿨을 다닌 탓인지 하와이에 돌아오니 외부인이 된 것 같은 느낌이 들었어요. 북동부에서 텍사스로, 그리고 하와이로 돌아오는 것은 일종의 문화충격이었어요. [하와이에서는] 전혀 그런(차별) 경험은 없었어요. 왜냐하면 우리가 주류이기 때문이지요. 다른 예를 들자면, 내가 본토에서 로스쿨 다닐 때 625명 학생 중에 6명이 아시아계였는데 그중에 한 명이 샌프란시스코 출신이었어요. 그 친구는 아주 공격적이었지요. 항상 화가 난 얼굴로 불행해 보였는데, 나는 안 그랬어요. 아마 어렸을 때 샌프란시스코에서 자라면서 [소수자로서] 힘든 일이 많았나봐요(인터뷰 #8).

반면 하와이대 로스쿨은 본토의 로스쿨과는 매우 다른 환경이다. 유색인종과 소수민족 출신 재학생 수가 많을 뿐 아니라 학생들 대부분이 하와이 출신이고 거의 예외 없이 하와이주 내에서 취업하고 있다. 한국계 재학생들에 따르면 하와이대 로스쿨의 분위기는 경쟁적이지 않고 소수민족으로서 차별이나 불편한 적은 거의 없었다고 한다. 선행연구에서 지적되었던 로스쿨 교육환경 내에서의 인종화 경향은 두드러지지 않는 것으로 보인다. 오히려 학생 구성상의 특징으로 학생들이 자각하고 있는 부분은 최근 본토 출신 학생들의 숫자가 확연히 늘어나고 있다는 사실이다. 학교생활에서도 로컬이냐 아니냐의 문제가 학생들에게 민감하게 여겨질 수 있음을 시사해 주고 있다.

> 초등학교 때 한 남자애가 우리나라로 돌아가라고 해서 울면서 집에 왔던 적이 있어요. 대학 1학년 때는 사회학 수업시간에 교수님이 제가 수업에서 유일한 동양인이었기 때문에 제 경험을 공유해달라고 하셔서 그 상황이 조금 불편하고 부끄러웠던 적이 있어요. 그 경험 후에는 수업 시간에 손을 들지 않게 되더라고요. 왜냐하면 모든 사람들이 나를 이상하게 쳐다보는 것 같아서요. 누군가 저를 봤을 때 첫인상이 "아, 동양인이구나"라는 생각이 들지 않았으면 좋겠어요. 그냥 제니퍼가 되고 싶어요. 무슨 말인지 아시죠? 인종적 정체성이 제 유일한 정체성이 되는 건 원하지 않아요. 하와이에서는 차별받는다고 느낀 적이 없습니다(인터뷰 #26).

로스쿨의 교육환경은 법률가 정체성 형성에 큰 영향을 미칠 수 있다. 아시아계 변호사들은 로스쿨 재학 중 문화적, 인종적 배경에 따른 몇 가지 추가적인 어려움을 겪었으며, 이러한 어려움에는 로스쿨 교수 또는 교수법에 대한 불만이 포함되었다. 아시아계 변호사들의 구체적인 의견으로는 교수에 대해 "불공정하다", "오만하다", "편견이 있다", 심지어 "무관심하다"는 표현이 포함되었다.

> 로스쿨 가서 실망한게. 저는 철학, 역사 이런 걸 학부 시절에 공부해서 변호사가 뭔지도 몰랐는데, 로스쿨 가보니 자기네들이 만들어 놓은 틀 안에서만 공부하는 것 같더라고요. 이런 법이 왜 있냐,

왜 우리 사법체계는 이렇게 되어 있고 불공평한 거냐, 그런 것들을 얘기하고 싶은데 증거법, 형법, 그리고 대법원 판례도 보면 마음에 안 드는 게 많았어요. 저는 보는 눈이 틀리니까, 웬만한 사람들이랑 보는 눈이 틀리니까 이런 게 어떻게 저스티스라 할 수 있냐고 말하고 싶은 거죠. 참 실망을 많이 했어요. 되돌아 보면 그때만 해도 참 내가 이상적이었던 거죠(인터뷰 #33).

하와이대 로스쿨에서 면접해본 학생들의 대부분은 학교생활을 만족해하고 있었다. 우선 전체 학생 수가 적어 교수들과의 밀접한 관계를 형성할 수 있고 학생들이 치열하게 경쟁적이지 않아 정서적으로 안정된 학교생활을 영위할 수 있다는 점이 큰 매력으로 지적되었다.

저는 리처드슨에 꽤 만족합니다. 정말 훌륭한 교수진도 여럿 계십니다. 대부분의 교수님들이 자신의 과목에 대한 열정이 대단할 뿐만 아니라 우리 학생들에 대한 관심과 지원도 대단하다고 느꼈습니다. 오리엔테이션 때 "왼쪽을 봐라, 오른쪽을 봐라, 너희 중 한 명은 졸업할 때쯤에는 여기 없을 거야"라는 식의 위협적인 로스쿨에 대한 고정관념과는 아주 다르지요. 모두가 서로를 정말 배려하는 것 같았고, 리처드슨에서는 경쟁적인 측면보다는 커뮤니티에 대한 배려를 더 중요하게 생각하도록 교육한다고 여겨집니다(인터뷰 #22).

2020년 초에는 새로운 로스쿨 학장을 초빙하기 위해 여러 차례에 걸쳐 학장 후보의 공개강연을 듣고 학내구성원들의 의견을 청취하는 행사가 있었다. 후보들은 하와이대 로스쿨의 비전, 문제점 진단,

중점 추진 분야 등에 대해 소견을 발표하였고 교수, 재학생, 직원, 졸업생들과의 폭넓은 의견교환이 이루어졌다. 여기에서도 구성원들의 중요한 관심 중 하나는 학장 후보가 하와이의 특수성을 얼마나 잘 이해하고 있는지, 그리고 이 지역에 대해 얼마나 헌신할 수 있는지였다. 현재의 학장은 자메이카계 흑인 여성 교수이다.

현재 하와이대 로스쿨 안에 한국계 학생들의 모임은 따로 없다. 아시아계 학생 동아리가 있고, 아시아 법정책을 전문으로 다루는 학술지(Asia-Pacific Law and Policy Journal, APLPJ)와 센터(Pacific-Asian Law Society, PALS)가 있지만, 이 분야에 관심 있는 학생들이 자발적으로 참여하고 있을 뿐 종족성 기준으로 활발히 참여하는 분위기는 아니라고 한다(인터뷰 #15). 대부분의 학생들은 과외활동으로 모의재판이나 로리뷰에 편집진으로 참여하는 것을 더 중요하게 생각하는데, 이러한 점은 다른 로스쿨과 비교해도 크게 다르지 않다.

사진 6.1 하와이대 로스쿨의 PALS

하와이대 로스쿨 교수 중에서 주전공 외에도 아시아법(중국, 일본, 한국 등)에 대한 비교연구를 진행하고 있는 사람들이 많아 국제적, 비교법적 시각을 배양할 수 있는 환경을 갖추고 있다고 평가할 수 있다. 아울러 하와이대에는 하와이 원주민법을 전공하는 전임교수와 별도의 연구센터가 상주하고 있으며 대학 내의 하와이학센터 Center for Hawaiian Studies와 유기적인 관계를 맺고 있다. 하와이대의 하와이원주민법 프로그램은 본토의 아메리칸인디언학 프로그램과의 제휴로 매년 관련 모의재판에 참가하는 등, 미국 어디에도 없는 훌륭한 소수민족 법정책의 연구환경을 갖추었다.

(3) 로스쿨에서의 다양성

하와이대 로스쿨은 1973년에 세워졌다. 주지사 존 번즈John A. Burns와 주대법원장인 윌리엄 리차드슨William S. Richardson 등의 비전으로 설립된 하와이대 로스쿨은 하와이 내에서도 전문직 교육을 제공하겠다는 취지로 시작하였다. 1973년 이전에는 미국 본토의 대학을 나와야만 의사나 변호사가 될 수 있었다. 따라서 전문직으로의 기회는 하와이 특권층의 전유물이었다.

하와이대 로스쿨의 프로그램 중 인종, 종족성 관련하여 의미있는 것은 울루 레후아Ulu Lehua 프로그램이다. "선입학 프로그램"이라고 예전부터 알려져 왔던 울루 레후아 프로그램은 거의 하와이대 로스쿨이 설립되자마자 만들어졌다. 프로그램의 취지는 소외된 계층의 로스쿨 지원자들을 지원하기 위해서였다. 그것은 통상적인 정량지표로는 입학하기 힘든 소수집단(경제적, 인종적 망라) 출신 지원자 중 발전 가능성과 진로지향을 보고 선발한 뒤, 교육과정 속에서 특별한 지도를 통해 해당 소수집단의 권익향상에 기여하도록 하는 것이다. 울루 레후아 프로그램은 하워드 대학의 학장으로 재직하다 하와이로 은퇴하였던 조지 존슨George Johnson이 개발하고 실행에 옮긴 프로그램으로서 지난 40여 년간 많은 변화를 거쳐왔다.

울루 레후아 장학생은 매우 경쟁률이 높았다. 매해 1100명도 더 되는 원 지원자들 중, 40에서 80여 명의 추려진 지원자들이 울루 레후아 장학생 최종 12자리를 위해 경쟁하는 식이었다. 장학생으로 선발된 학생들은 공공서비스/공익사업 또는 정의를 위한 열정을 피력한 경력이 많았고, 일반 로스쿨 입학생들 대비 낮은 LSAT(로스쿨 입학시험) 점수를 가진 편이었다. 통상 울루 레후아 장학생들은 일반 학생들보다 낮은 LSAT 점수를 가진 경향을 보였으나, 이것은 학부 학점에서도 같은 경향이었을 수 있다.

매해 12명의 학생이 울루 레후아 장학생으로 선발된다(간혹 더 적은 수가 선발되는 해도 있다). 프로그램은 첫 도입 후 몇 번의 조정을 거쳐 1년간의 조건부 프로그램으로 정착하였다(Tochiki 2015). 일반적 입학 심사를 거치지 않고 입학한 울루 레후아 학생들은 입학 후 분류되지 않은 대학원생unclassified graduate students의 신분으로 생활하며, 첫 1년 동안 일반 로스쿨 1학년 학생들과 같이 계약법과 민사소송법을 수강하였다. 이에 더해 Pre-Admission 세미나를 통해 다른 여러 과목들의 자료 그리고 소통 및 분석 능력을 공부하면서 역량을 배양해 나아갔다. 울루 레후아 장학생들이 이러한 첫 해(일명 "울루 레후아 해")를 성공적으로 보내게 되면, 그들은 비로소 정식 학생으로 로스쿨에 입학하였다.

이러한 울루 레후아 장학생 선발 절차는 약간 변경되었다. 기존에는 장학생들이 일반 학생들이 선발된 연후에 선발되었다. 별도의 입학 절차는 없었다. 일반 학생들을 선발하는 도중에 울루 레후아 프로그램에 적합할 만한 학생들의 파일을 따로 분류해 놓는 식이었다. 울루 레후아 프로그램 적합자들은 하와이 거주자 또는 태평양 지역 거주자로서 소외된 그룹의 일원이거나, 또는 그러한 그룹을 위해 일해온 사람이었다. "소외된 집단" 은 넓게 정의되어, 하와이 원주민, 필리핀인, 폴리네시아인, 마이크로네시아인, 이민자, 장애인 등을 포함하였다. 추가로 포함된 그룹은 어떤 특정한 어려움을 극복한 사람들로서, 한 부모 가정의 가장으로서 가정폭력을 극복한 사람이 일례가 될 수 있다. 프로그램 시작 후 첫 몇 년을 제외하고는 인종이 장학생 선발의 기준이 되지는 않았다.

2006년에 기존의 "선입학 프로그램"이 "울루 레후아 프로그램"으로 이름이 바뀌었다. 그리고 2006년 가을학기 이후부터는 울루 레후아 장학생들은 더 이상 조건부 입학생이 아니고, 정식 학생으로서 로스쿨에 입학하게 되었다. 그리하여 현재 울루 레후아 입학생들은 첫 가을학기에 (기존 선입학 프로그램을 통한 입학생 대비) 일반 로스쿨 1학년 과목을 4학점 더 수강하여 총 10학점을 수강하고 (일반 학생들은 첫 학기에 14학점 수강), 봄학기에는 일반 학생들과 동일한 봄학기 교육과정을 전부 수료할 수 있도록 하였다.

울루 레후아 장학생들과 같이 잠재력과 다양성 측면에서 선발된 학생들은 3년간의 학위과정 내내 특별한 관심과 지원을 해주고 있다. 첫째, 포용을 주요 목적으로 하여 울루 레후아 장학생들이 그들 그룹 내에서만이 아니라 로스쿨 전체에서도 포용 받는 느낌을 가지도록 한다. 둘째, 공동 목표를 가진 학구적 공동체로서, 구성원인 울루 레후아 장학생들이 개방되어 있고 안전한 환경에서 협력할 수 있도록 한다. 셋째, 로스쿨 학생과 교수진의 다양성을 장려한다. 이 프로그램을 통해 로스쿨 학생들의 시민의식과 도덕적 의무감을 고취시키고, 나아가 울루 레우하 출신 졸업생을 교수요원으로 충원할 수 있다. 넷째, 법조인으로서의 정체성을 기르도록 장려한다. 울루 레후아 프로그램 장학생들은 높은 기대치에 부응토록 격려 받으며, 프로그램 중 지속적으로 도덕적 사안 및 전문직으로서의 의식에 대해 논의하고 배우도록 되어 있다.

실제 울루 레후아 프로그램을 거쳐 간 법률가들의 면접 결과를 보면 본 프로그램이 법률가로서의 정체성을 형성하는데 큰 역할을 하였음을 알 수 있다. 면접에서 중점적으로 물어본 내용으로는,

- 로스쿨에서의 경험은 어떠하였나?
- 로스쿨 진학 전 당신의 정체성은 어떠하였나?
- 울루 레후아 프로그램에 따라 학교생활을 할 때 인종이나 민족성은 어떠한 영향을 미쳤나?
- 로스쿨과 로스쿨 내 타 학생들은 울루 레후아 프로그램에 대해 어떻게 생각하는 것 같은가?
- 울루 레후아 프로그램은 법률 전문직에 대한 생각을 어떤 방향으로 형성하였는가?
- 법조인으로서의 정체성에 당신의 인종이나 민족성이 현재 어떠한 영향을 미치고 있는가?
- 당신의 법조인으로서의 정체성을 보여주는 이야기 또는 사건은 무엇인가?
- 변호사로서의 삶은 당신에게 무엇을 의미해 왔는가?

울루 레후아 프로그램 출신 법률가들은 학창 시절에 대해 대부분 긍정적인 기억을 갖고 있었다. 한 필리핀 출신 이민 1.5세 법률가에 의하면 처음 로스쿨에 입학하였을 때는 사회적으로 문화적으로 매우 어색한 상태였으나, 졸업 후에는 보다 자신감을 갖게 되었다고 말한다. 로스쿨은 그가 자라나게 된 계기였다고 한다. 그에 따르면, 울루 레후아 프로그램에 따른 별다른 낙인은 없었으나, 일반 학생들과 같은 첫 해 수업을 들었었으면 더 좋았을 것 같다라고 아쉬움을 표명하였다. 그는 울루 레후아 프로그램을 일반적인 차별철폐조치 affirmative action program와 같은 것으로 보고 있었다. 하지만 그는 타인들이 레후아 프로그램을 어떻게 생각하는지에 대해서는 별 관심이 없어 보였다. 여느 입학 담당자가 마이클을 소외계층이라 보기에 충분한 많은 요소들이 있었지만, 그는 그러한 딱지가 그에게 맞지 않는다고 생각하였다. 그는 필리핀인이었고, 변호사협회 내에서 소수민족이었으며, 영어가 모국어가 아니었고, 그의 가족 내에서 대학원에 진학한 유일한 사람이었다.

어떤 사람들은 별로 똑똑하지 못해 로스쿨에 본인의 힘으로 입학할 수 없었던 몇몇의 학생이라고 저희를 생각했겠죠. 차별철폐조치 또는 자선의 케이스라고요. 하지만 이미 말했듯이, 그들이 그렇게 생각한다고 해서 원망하거나 하진 않아요. 그들이 그렇게 생각해도 이해해요. 로스쿨에 입학한 이후에 제 자신이 소외되거나 불이익을 보는 그룹에 속했다고 생각한 적이 많지 않아요. 주변인들이 부정적으로 생각한다 해도 그다지 화가 나거나 신경을 쓰지 않았죠.

또 다른 울루 레후아 출신 법률가는 시민권과 하와이 내부의 이슈들에 관심이 많은 하와이 원주민이다. 30대 초반에 로스쿨에 입학한 그녀는 후배들에게 롤모델로 비추어지고 있다. 레후아 프로그램 책임자였던 크리스 이지마Chris Iijima 교수와 가까웠던 그녀는, 이지마 교수가 강의를 하지 못할 때 정부 변호사로서 근무하면서도 대신 그 강의를 이끌었던 사람이다. 그녀는 레후아 프로그램을 "안전망"이라고 표현한다.

> 선입학 프로그램은 어떠한 커뮤니티를 형성합니다. 그것은 마치 프로그램을 통해 입학한 학생들 간의 공통된 가치관 같은 것이에요. 진로에 관한 가치관보다도, 모두가 '정의'에 대해 공통된 입장을 가지고 있었던 듯해요.

그녀가 보기엔 "덜 똑똑한 학생들"이라는 레후아 프로그램에 대한 편견이 제도화된 것은 아니었다고 말한다. 만약 있었다면 그것은 간혹 사적인 파티나 개개인의 성격을 통해서만 드러났다고 한다.

현재 울루 레후아 프로그램의 책임교수는 이 프로그램을 거쳐 간 졸업생으로, 울루 레후아 장학생들의 롤모델이자 프로그램이 성공적으로 정착되고 있음을 보이는 산증인이다. 울루 레후아 프로그램은 단지 선정된 학생들에게만 혜택이 가는 것이 아니라 일반 학생들도 이들과의 교류를 통해 사회적 약자와 소수집단에 대한 감수성을 배양할 수 있다는 점에서 큰 교육 효과를 달성할 수 있다. 한 한국계 로스쿨 학생은 울루 레후아와 같은 비전통적인 프로그램의 의의를 다음과 같이 이야기하고 있다.

얼마 전 학교에서 시작한 야간 로스쿨 과정은 학생들한테 긍정적으로 받아들여지고 있는 것 같아요. 처음에는 주간과정에서 보지 못한 부류의 학생들을 캠퍼스에서 접하게 되어 어색하긴 했지만 함께 수업해 보니 일반 학생들한테서는 얻을 수 없는 새로운 시각이랄까 그런 것들이 있더라고요. 대부분 나이도 많고 직장을 가지고 있는 사람들인데 학업에 대한 열의도 대단하고, 주간 학생들한테 자극이 되는 것 같아요. 울루 레후아 학생들도 비슷한 게, 좀더 깊게 교류해보니까 나와는 전혀 다른 환경에서 자라나서 내가 경험해 보지 못한 사실들을 깨우쳐 주니 나중에 변호사가 되더라도 사람들이 처한 환경을 이해하는데 많은 도움이 될 것 같아요(인터뷰 #15).

② 직장에서의 사회화

1) 로펌 및 직장현황

전미 로스쿨 졸업생들의 취업 현황을 집계하고 있는 전국법조직역연구연합National Association of Law Placement, NALP 자료에 의하면 절반 이상이 개업변호사나 로펌에 고용되어 있다(54.8%). 기업(12.9%), 로클럭(11.2%), 정부(10.9%)에 취직한 졸업생들이 각각 10%를 상회하고 있고, 그 밖에 공익부문과 학계로 진출하였다. 이러한 직역분포의 추세는 지난 20년간 취업 현황 통계와 비교해도 놀라울 정도로 안정적으로 유지되어 왔다.

하와이대 로스쿨 졸업생의 경우에도 개업변호사나 로펌 변호사로 활동하고 있는 사람들이 가장 많으나, 전국통계와 비교했을 때 그 비중은 상대적으로 낮은 편이다(36.1%). 반면 법원에서 로클럭으로 일하거나(26.5%) 정부 변호사로 활동하는(20.5%) 비중이 전국통계보다 2배 정도 더 많은 사실이 두드러진다(〈표 6.2〉 참조).

표 6.2 하와이대 로스쿨 졸업생 취업현황(2018년 졸업생 기준)

	기업	법원(로클럭)	개업/로펌	정부	공익
하와이대	8.4%	26.5%	36.1%	20.5%	7.2%
전국	12.9%	11.2%	54.8%	10.9%	7.4%

　개업변호사와 로펌 취업변호사들의 사무실 규모로 보면, 전국적으로는 대형 로펌(41.2%)과 소형 로펌(33.9%)으로 양분되어 있다. 대다수의 법조사회학 연구에서 지적된 바와 같이 미국의 법률직역은 개인에 법률서비스를 제공하는 집단과 기업자문을 주로 하는 집단으로 양분되어 있으며, 주로 대형 로펌에서 기업자문을 하는 법률가들이 법률직역 내에서 사회적 배경, 가치, 명성 등에 비추어 볼 때 우월한 구조적 지위를 가지고 있다(Heinz 1983). 하와이의 법률시장은 그러한 극단적인 양분화의 모습과는 다소 거리가 있어 보인다. 〈표 6.3〉은 하와이에서의 주요 로펌에 고용되어 있는 소속변호사와 파트너의 현황을 보여주고 있는데, 단 한 곳을 빼고는 100명을 넘는 사무실이 없다. 하와이대 졸업생의 경우 25명 이하의 중소형 로펌에 집중되어 있다. 대다수의 졸업생들이 취업하는 하와이 지역에는 (2018년 기준 92.8%가 하와이에 취업) 100명 이상의 대형 로펌이 거의 없기 때문이다(〈표 6.4〉 참조).

표 6.3 하와이 주요 로펌의 파트너와 소속변호사 수(2020)

로펌 이름	파트너	어소시에이트
Cades Schutte	76	42
Goodsill Anderson Quinn & Stifel	57	25
Carlsmith Ball	56	33
McCorriston Miller Mukai MacKinnon	46	26
Dentons	39	15
Legal Aid Society of Hawaii	39	0
Kobayashi Sugita & Goda	37	24
Ashford & Wriston	30	8
Damon Key Leong Kupchak Hastert	29	12
Bays Lung Rose & Holma	26	12

1980년대에 본토에서 로스쿨과 변호사 실무를 마치고 하와이로 돌아온 딘 림Dean Lim 변호사는 당시 로펌에 고용된 아시아계 변호사들의 현황을 다음과 같이 증언한다.

제가 처음 이곳으로 돌아왔을 때 큰 법률회사들은 주로 백인들이 주인인, 오래된 플랜테이션 경제에서 만들어졌습니다. 빅 5의 결과로 생긴 경제 시스템이지요. 그중 한 군데에는 일본인 파트너가 한 명 있었는데, 아시아계 변호사들은 거의 없었다고 기억합니다. 아시아계 미국인들은 물론 예외도 있었지만 대부분은 소규모 로펌에 고용되어 있었다고 생각합니다. 명시적인 차별 때문이 아니라기보다는 큰 로펌들이 주로 백인이 주도하였던 오래된 경제 즉 비숍 스트리트Bishop Street의 비즈니스 커뮤니티를 고객으로 두고 있었기 때문이지요. 그러다가 하와이대 로스쿨을 졸업한 사람들이 시장에 진출하고 수년에 걸쳐 더 많은 통합으로 시간이 지남에 따라 변화된 것 같습니다(인터뷰 #32).

표 6.4 개업/로펌 취업의 사무실 규모(2018년 졸업생 기준)

	1-10명	11-25명	26-50명	51-100명	100+
하와이대	36.7%	30%	20%	13.3%	0%
전국	33.9%	10.7%	6.4%	5.2%	41.2%

이러한 소규모 법률사무소 중심의 법조 시장은 하와이의 독특한 법조 문화를 형성시킨다. 규모가 작은 로펌의 구성원 변호사들이 경력 초반에 보다 책임 있는 일들을 많이 맡게 되고, 법률가 커뮤니티가 작아 서로가 서로를 잘 알고 있어 평판이 매우 중시된다. 뉴욕 로펌에 근무하다 하와이로 이주한 이민 2세 변호사는 하와이에서는 여기서 어느 고등학교를 졸업했느냐와 같은 지역적 연고와 개인적 네트워크가 큰 의미를 갖는다고 말한다(인터뷰 #5). 이민 3세 여성 변호사인 미셸은 첫 직장을 구하는데 있어 네트워킹이 얼마나 중요한 역할을 했는지 말한다.

그런데 하와이는 다른 주와 달라요. 여기는 규모가 작단 말이에요. 작은 마을 같죠. 정치적으로 이리저리 얽혀 있고, 내가 대학 4학년 때 존 번즈John Burns에 관한 졸업논문을 썼는데, 그는 하와이 출신 민주당 대표였고 후에 하와이가 미국의 주로 편입되는데 큰 역할을 하지요. 그런데 그가 나중에 주지사로 출마했을 때 나한테 연설문을 써달라는 요청이 왔어요. 내가 그에 대해 졸업논문을 썼었기 때문에 그렇게 했지요. 나중에 아는 사람으로부터 전해 들었는데, 그분이 로스쿨 졸업 후에 내가 원하는 무슨 일이든 자기한테 얘기하면 도와주겠다고 그랬대요. 내가 나중에 검찰국에 취직이 되었는데, 검찰국장이 번즈 주지사가 임명한 사람이었는지, 정말 그가 도움을 주었는지 모르겠지만요(인터뷰 #10).

이민 3세 여성변호사인 미셸은 친척 중에 5촌 당숙인 최영조 판사를 비롯하여 법률가가 여럿 있었는데, 그가 로스쿨을 졸업한 1960년대 중반에는 검찰국에 소속된 여성검사가 두 명에 지나지 않을 정도로 매우 드문 일이었다. 그가 비교적 수월하게 취직을 할 수 있었던 것도 하와이의 좁은 법률시장 내에서 개인적 인연이 작용한 것이 도움이 되었다고 생각한다.

개리 장 판사도 구직의 어려움을 겪었는데, 그의 사례를 보면 하와이에서의 변호사 채용이 정형화되고 공식적인 과정보다는 대단히 비공식적으로 이루어질 때가 많다는 점이 눈에 띈다. 특히 변호사 숫자가 훨씬 적었던 과거에는 아는 사람의 소개로 취직이 성사되는 적이 많았다.

벌써 40년 전 얘기네요. 그동안 상황이 많이 나아졌지만요. 당시에 하와이의 대형 로펌에서 일하려면 톱 클래스의 법률가여야 했고 대부분 백인들로 구성되어져 있었지요. 당시 나는 내 자신을 블루칩이라 생각하지 않았고요. 그래서 그런 로펌에는 지원하지 않았어요. 그런데 운이 좋았던지, 내가 법무부에 근무할 때 카우아이섬에서 일어난 오토바이 교통사고 사건을 처리하고 있었는데, 한 로펌의 파트너 변호사가 담당 판사와 얘기하면서 변호사를 구하고 있다고 그랬나 봐요. 판사가 나를 소개해 주었고 얼마 지나지 않아 연락이 와서 점심을 함께 먹게 되었지요. 그 후 다른 변호사들과도 면접을 하고 취직이 되었어요. 조사를 해 보니 그 사무실 변호사들이 실력도 있고 평판도 좋더군요. 그래서 오퍼가 왔을 때 쉽게 수락을 했고, 다른 사무실에 지원하지 않고 곧바로 취직이 되었던 거지요. 그곳에서 15년 동안 일했습니다(인터뷰 #18).

로펌 변호사의 인종구성과 관련해서도 하와이주는 특이한 모습을 보인다. 전미통계를 보면 2018년 전체 변호사 수를 기준으로 할 때 여성과 소수인종의 비율은 35.41%와 16.10%로 나타났다. 그중 아시아계는 7.58%이다. 하와이의 경우 여성과 소수인종, 아시아계의 비중은 각각 41.7%, 74.1%, 22.5%이다. 숫자만 놓고 본다면 하와이에서 아시아계 변호사들은 백인(25.9%)에 이어 가장 비중이 높기 때문에 소수자의 지위에 있다고 말하기 어렵다.

리처드는 지난 25년간 하와이 법조계에서의 가장 큰 변화는 여성 변호사의 급증이라고 한다(인터뷰 #8). 하와이 출신의 여성 변호사로서 최초의 미국 연방법원 판사로 임명된 수전 오키 몰웨이Susan Oki Mollway가 1981년에 첫 직장인 하와이의 대형 로펌에 취직하였을 때, 그녀는 그 로펌에 최초로 임용된 2명의 아시아계 여성 변호사 중 한 명이었다고 한다(Mollway 2021: 33). 하와이 출신으로 뉴욕 로펌에 오래 근무했던 데비 후앙 변호사는 뉴욕의 로펌에서도 유색인종 여성 변호사는 매우 드물었다고 술회한다.

로펌에는 일종의 유리 천장이 있었던 거죠. 1980년대 애기인데, 그때는 뉴욕의 로펌에서 백인이 아닌 사람을 변호사로 고용하는 데 익숙하지 않았습니다. 저는 그곳의 대형 로펌에 면접을 보러 갔는데, 거기 사람들은 처음에 제가 변호사가 아니라 비서직에 지원한 것으로 생각했었어요(인터뷰 #29).

주요 대도시에서 활동하고 있는 아시아계 변호사의 현황을 살펴보면, 소속변호사associate 기준으로 볼 때 아시아계 변호사들이 가장 많이 취업한 도시는 샌프란시스코(20.43%), LA(17%), 뉴욕(15.46%)이다(〈표 6.5〉 참조). 소속변호사로 7년~10년 정도 경력을 쌓은 후 선발되는 파트너partner 변호사의 경우 아시아계 변호사들이 많은 도시도 샌프란시스코(9.61%), LA(8.68%), 뉴욕(4.81%) 순이지만, 전체 파트너 중에서의 비중은 훨씬 작다. 이렇게 볼 때 소수민족으로서 로펌에서 승진하여 파트너급 변호사가 되는 데에는 한계가 있음을 알 수 있다.

지난 20년 동안 아시아계 변호사들은 가장 높은 이직률과 가장 낮은 파트너 구성 비율을 갖고 있으며, 암묵적인 편견과 정형화된 인식을 진급이나 승진의 방해물로 인식하고 있다(Chung et. al. 2017). 파트너 변호사 중에서도 로펌 내의 주요 위원회에서 중심적인 역할을 수행하는 사람들은 매우 적었다. 2015년 225개 로펌을 대상으로 한 Vault 및 소수계 기업변호사 협회Vault/MCCA의 설문조사에 따르면 응답자의 7.05%가 아시아계 미국인이었지만, 이 중 2.09%만이 경영위원회, 2.32%가 파트너 검토위원회에 소속되어 있는 것으로 나타났다. 하와이 로펌은 파트너 변호사들의 인종적 다양성이 다른 지역보다 높은 편이지만, 아직 백인이 우위를 점하고 있어 유리천장이 존재하고 있는 것으로 보인다.

수치를 보면 하와이 주 변호사회는 다양한 인구의 스펙트럼을 완전히 반영하지 못한다는 것을 알 수 있습니다. 1970년대 이전에는 아마도 10대 로펌들은 백인이 경영하고 소유한 것으로 생각되며, 데이먼 키Damon Key와 같은 특정 회사가 구성원 변호사들을 다양하게 선발하기 시작한 선구자적인 역할을 했던 것 같아요. 당시에는 소송 변호사, 연방 지방 법원에서 재판을 하는 사람들, 특히 민사 쪽에서 재판을 하는 많은 사람들의 절반은 백인이었어요. 그런데 지금은 서서히 달라지고 있어요. 예를 들어 하와이에서 가장 큰 로펌 중 하나인 굿실 앤더슨Goodsill Anderson의 매니징 파트너는 일본계 미국인입니다. 아시아계 판사가 많이 늘어나게 된 것도 지난 20, 30년 동안의 변화이지요. 대기업의 고위직도 마찬가지인데, 여기서 제일 큰 회사인 하와이전력회사HECO의 수장도 아시아계 미국인이에요. 본토와는 확실히 다르긴 합니다만, 지금도 대기업과 대형 로펌의 최고 경영자급 직책을 보면 백인 남성의 비율이 높은 편입니다(인터뷰 #5).

표 6.5 주요 대도시의 로펌 변호사 인종구성(2018년 기준)

	구성원 변호사partner		소속변호사associate	
	소수인종(%)	아시아계(%)	소수인종(%)	아시아계(%)
전미	9.13	3.63	24.22	11.69
Chicago	7.91	3.65	21.32	9.98
Houston	12.05	3.90	25.92	9.45
LA	16.65	8.68	32.13	17.00
NYC	10.89	4.81	28.40	15.46
San Francisco	15.48	9.61	33.08	20.43
DC	10.14	4.28	23.47	10.71

하와이에서 지난 10년간 한국계 법률가의 수는 몇 차례 부침이 있었지만 대개 150명~200명 수준으로 유지되어 왔고(〈표 6.6〉 참조), 2019년 현재 남성은 68명, 여성은 80명이다. 정부에서 근무하는 한국계 변호사는 18명(12%)이고, 2명(1.35%)이 판사로 재직 중이다. 하와이변호사협회 자료는 회원 본인이 등록한 데이터를 기반으로 하기 때문에 그들이 이민 몇 세대인지, 혼혈인지는 파악되지 않는다. 하와이주 한국교민이 주 센서스 통계에서 2%를 넘어본 적이 없다고 본다면 한인 변호사의 비율은 전체 한인의 비율에 상응하는 수준이라 할 수 있다. 정부 변호사와 법원 판사로 재직 중인 한국계 법률가의 비중도 전체 법률가와 거의 비슷한 수준이다.

표 6.6 한국계 법률가 수의 변화(2010-2019)

	2010	2011	2012	2013	2014	2015	2016	2017	2018	2019
현직	98	108	107	119	105	113	64	43	81	69
정부	22	30	20	26	24	28	16	17	19	18
판사	2	3	3	3	1	3	2	2	3	2
비현직/자원봉사	54	51	54	62	57	61	39	43	53	59
전체	176	192	184	210	187	205	121	105	156	148

한국계 변호사들의 경우 특별히 명문 로스쿨을 나오거나 아주 우수한 성적으로 졸업하지 못하면 대형 로펌에 취직하기 힘들기 때문에 정부나 소형 로펌에 취직하는 경우가 많다. 1970년대 초반에 로스쿨을 졸업하고 후에 하와이주 변호사협회장을 지낸 리처드는 이렇게 회고한다.

내가 고등학교, 대학교, 로스쿨을 졸업할 당시에도 훌륭한 한국인 변호사들이 많이 있었는데 큰 로펌에서 활동하지는 않았던 것 같아요. 내가 로스쿨 입학했을 때 아마 7, 8개의 큰 로펌들이 있었는데 모두 백인Haole이 운영하는 회사였어요. 내 동년배들 중 한두 명은 로펌에 취직했는데 나머지 아시아계 변호사들은 정부나 소규모 법률사무소에서 일을 시작했지요. 지금 로펌 이름에 아시아계 이름이 있는 곳들은 대개 내가 변호사로 활동을 시작했을 때보다 한두 해 전에 비로소 설립된 곳입니다. 내 성적으로는 대형로펌에 취직할 가능성은 없었고, 그래서 검사가 되었지만 그 결정을 아주 만족합니다(인터뷰 #8).

　　1980년대에 하와이의 대형 로펌 중 하나인 굿실에서 근무했던 브렌다 여 변호사에 의하면, 당시 같은 로펌에 있었던 다른 한국계 미국인 변호사는 1명에 불과했다(인터뷰 #12).

　　하와이의 한인 법조계는 양적으로나 질적으로 그동안 크게 신장되어 왔다. 하와이 아시아계 최초로 연방법원의 판사를 배출하였으며 최장기간 재임한 주 최고법원의 수장도 한국계였다. 주 변호사협회장을 배출하기도 하였으며 주 법원과 검찰청의 고위직에도 적지 않은 숫자의 한인들이 활동하고 있다. 한인들이 두각을 나타내지 못한 분야는 사적 부문인데, 대형 로펌의 파트너 변호사로 활동하는 사례는 드물고 대부분 단독개업이나 소규모 법률사무실에 근무하고 있다. 이는 하와이 법조계의 전반적인 특성을 반영하고 있고 큰 기업고객이 본토에 비해 드물다는 점을 볼 때 크게 이상한 일은 아니다. 하와이 출신의 법률가 중 대형 로펌에 근무하는 사람들은 이미 미국 본토나 해외(한국, 홍콩 등)로 진출해 있다는 점도 짐작할 수 있는 바이다.

2) 업무 형태

법률직역에서 여전히 존재하는 인종에 따른 취업달성도의 차이는 여러 연구에서 나타난 바 있다(Nelson 2010). 인종에 따른 이러한 차이는 사회적 자본의 차이로 설명되기도 한다. 백인들에 비해 흑인들은 사회적 자본이 적고, 사회적 연결망을 통한 자원이 부족하다. 아시아계 미국인들은 종종 다른 사람에게 영향을 미치고 그들을 이끌 수 있는 개성이 부족하다는 고정관념 때문에 관리직이나 리더십 직책에 적합하지 않다는 인식이 있다. 아시아계 미국인 변호사들에게 가장 흔하게 연상되는 특성은 '조용함,' '내성적,' '소극적'이었다.

직장 생활에서 인종 때문에 문제가 된 적이 없다고 말한다면 너무 순진하다고 생각해요. 노골적인 경우는 없었지만, 언제든 있을 수 있다고 봅니다. 일리노이주 중부나 보스턴, 뉴욕 등 그동안 저와 교류한 사람들의 마음속에 들어가서 그들의 마음을 읽을 수는 없겠지만, 인종은 확실히 문제가 되었죠. 아시다시피 모든 사실과 우리가 내리는 판단과 가정이 문제가 되었을 것입니다. 하와이에서 인종이 저에게 영향을 미쳤을 것이라고 추측하고 싶지만, 정말 깊숙이 들어가서 구체적으로 파악하기는 어렵습니다. 저는 이러한 모든 문제가 승진, 고객 관계, 상대 변호사에 대한 인식에 대한 논의에 영향을 미친다고 생각합니다. 그래서 그런 문제들이 모두 직업 생활에 영향을 미치는 문제라고 생각하며, 구체적인 예를 말씀드릴 수는 없지만 인종이 제 업무에 영향을 미치지 않았다고 말하는 것은 꽤

나 순진한 생각이라고 생각합니다(인터뷰 #5).

로펌 문화의 지배적 업무형태인 기업자문 업무는 고강도의 노동과 상호경쟁적인 환경, 그리고 끈끈한 멘토십과 사건수임을 위한 외부 네트워크를 요구한다. 이러한 요소를 갖추지 못한 소수자 출신 법률가들은 주류 법조 집단과는 다른 공간(예컨대 공익, 정부, 이민 분야)에 종사하는 대안적 전략을 선택하는 것이 보통이다. 한국계 법률가로부터의 멘토링은 흔치 않은데, 리처드는 초임검사로 활동할 당시 도움을 주었던 한국계 판사의 사례를 소개한다.

> 내가 처음 [1970년대 중반] 호놀룰루 검찰국 검사로 활동할 때에요. 그때에는 검사가 13명이었는데 지금은 100명도 넘지요. 그때 한 재판부에 배당이 되었는데 판사 이름이 로버트 장(한국명 장원배) 판사셨죠. 장판사님은 내 이름을 보고 - 아마 목사이신 내 아버지를 아셨을지 모르지만 - 나한테 꽤 관심을 가졌어요. 가끔씩 나를 불러서 앉혀놓고 "오늘 당신이 법정에서 한 변론 중에 이러이러한 것들은 잘했다. 그런데 이러이러한 건 하지 마라는 등 코치를 해주시는 거에요. 그렇게 4-5달 정도 했어요. 그분은 제가 법정기술을 익히는데 멘토가 되어주신 거죠. 정말 멋진 일이었어요. 그분 아드님도 판사가 되었는데Gary Chang 법정에서 재판 진행하는 모습이 아버지를 꼭 닮았어요(인터뷰 #8).

로버트 장의 아들인 개리 장 판사도 공정하고 명확한 재판 진행으로 유명하다. 하와이 법정에서 흔치 않게 열리는 배심재판에서 장 판사가 배심원을 선정하는 절차를 관찰하였다. 배심원 후보자가 100

여 명에 달하는 복잡한 민사소송이었고 선정절차는 이틀에 걸쳐 진행되었다. 재판 당사자 뿐 아니라 배심원 후보에게도 세심하게 배려하고 때로는 단호하게 중심을 잡는 모습이 인상적이었다. 장 판사는 다음과 같이 말한다.

> 나는 종종 너무 까다롭다고 비판받기도 하는데 그것은 내가 엄하기 때문이지요. 나는 변호사들한테 많은 것을 요구합니다. 물론 변호사들이 법정에 와서 소송업무를 수행하는 것은 돈을 벌고 비즈니스를 하기 위함이지만 기본적으로 의뢰인에게 서비스를 제공하는 것이지요. 그런데 변호사가 준비를 제대로 해오지 않는다면 의뢰인에게 해를 입히는 것이고 나는 의뢰인을 보호하고자 노력합니다. 그래서 변호사들이 철저히 준비해 오지 않으면 가만히 있지 않아요. 얼마 전 본토에서 온 유명한 개인상해 변호사한테 훈계를 했어요. 하와이 변호사가 아니지만 법정에서 변론할 수 있게 허락하면서 절차법에 대해 물어보았고, 당해 사건에 어떻게 적용할 수 있는지 물었지요. 그가 잘 모르겠다고 대답하길래 "여기 있는 모든 변호사들은 절차법과 증거법에 대해 숙지하지 않고서는 절대 내 법정에 들어올 수 없다"고 경고했어요. 법정의 규칙들은 당사자들 간의 기울어진 운동장을 공정하게 잡아주는 것이고 판사는 이를 실현하는 역할을 하는 것이지요(인터뷰 #18).

앞서 살펴본 바와 같이 20세기 중반 이후부터 등장하기 시작한 초창기 한국계 법률가들 중 다수는 검찰이나 정부 변호사 등 공직에서 활동하다가 판사에 임용되었다. 사적 부문에서 로펌을 창설하거나 대표변호사 혹은 시니어 파트너로 성공한 경우는 거의 없었다.

그러다 보니 주로 로펌에서 실무를 수습해야 하는 초임 변호사의 입장에서 도움을 받을 수 있는 롤모델이 없었던 것이 사실이다. 실제로 하와이대 로스쿨에 재학 중인 한국계 학생들에게 알고 있는 한국계 법률가들에 관해 물어보면 잘 모르겠다는 응답이 많았고, 현직 판사 몇 명의 이름을 알려주면 그 사람이 한국계였냐고 놀라며 되묻는 경우도 적지 않았다.

변호사 활동 후 판사직에 지원해서 임용되는 것을 법조계에서는 영예롭게 생각하는데 아직 한인 법률가들이 판사로 임용되는 경우가 많지 않은 것은 이런 경력 이동에 대한 정보나 멘토링이 부족한 것으로 보인다. 하와이 주법원의 판사들은 주지사가 임명하게 되는데 종종 주지사의 정치적 선호도에 의해 결정되는 경우가 많다고 한다. 먼저 9명으로 구성된 위원회에서 판사직에 지원한 후보들의 자질을 검증하고 면접을 한다. 위원회의 심사과정을 거쳐 공석 한 자리당 6명의 후보가 주지사에게 추천된다. 그러면 주지사가 그 6명을 면접해서 최종적으로 1명을 선정하게 된다. 개리 장 판사는 자신이 판사직에 지원하였을 때 그가 포함된 6명의 후보 패널에는 주지사와 가까운 후보가 한 명도 없었기 때문에 정치적 입김 없이 운 좋게 임명될 수 있었던 것이 아닌가 하고 회고한다. 앞선 패널에는 주지사의 정치적 동지인 의원이 한 명 끼어 있었고, 뒷 패널에는 주지사가 변호사 시절 함께 일했던 동료가 포함되어 있었다고 한다. 가끔씩 그는 한국계 법률가들이 판사직에 지원할 때면 추천서를 써주기도 하고, 종종 위원회에서 후보에 대한 질의를 하기도 하는데 아직까지 장 판사 이후로 한인 판사가 임용된 적은 없다고 한다.

내가 초임법률가 시절에 법원에서 로클럭을 했는데 그때에는 판사의 업무와 책임이 너무 막중해 보여 내가 택할 수 있는 직업은 아니라 생각했어요. 그래서 경력 초창기에는 판사가 될 생각이 전혀 없었어요. 그런데 경력이 쌓이고 나면서부터 판사들도 실수를 하고, 만약 내가 한다면 어떤 판사들보다는 더 잘 할 수도 있겠다는 생각을 하게 되었어요. 그래서 판사가 되었을 경우 나의 능력에 대해서 좀 더 자신감을 갖게 된 것이지요. 그 후 20년 정도 실무경험을 축적한 후에, 한 45살쯤 되었을 때 법원에 공석이 났고 그때 한번 경력 이동을 생각하게 되었어요. 내가 계속 변호사 사무실에서 근무하게 되면 은퇴 후 의료혜택을 받을 수 없어 의료보험에 자비로 가입해야 하는데 판사가 되면 노후에 정부 지원의 의료혜택을 받을 수 있었지요. 판사가 되면 변호사 시절보다 급여가 많이 줄겠지만요. 결국 아내와 상의 끝에 지원하기로 마음 먹었지요(인터뷰 #18).

3) 하와이식 법률 문화, 한국적 법문화

하와이 한인업소록(2019)에는 현재 42개의 크고 작은 법률사무소들이 등록되어 있다. 한 면 전체가 변호사들의 광고로 메워져 있는 경우도 있는데, 이들 사무소는 교통사고, 계약, 부동산 등 교민사회를 상대로 하는 매우 다양한 법적 문제들을 다루고 있으며, 가장 빈번하게 등장하는 업무 분야는 이민법이다. 이민정착 과정에서 발생하는 신분변경과 영주권, 시민권 신청과 관련된 사항은 영어가 서투르고 미국 사회에 대한 지식이 별로 없는 1세대 이민자들에게는 한국어에 능통한 한인 변호사를 필요로 하는 업무이다. 한인 변호사들역시 이민자들을 겨냥하여 한인 밀집 상가에서 법률사무소를 운용하며 한인 신문이나 업소록에 적극적으로 홍보한다. 종종 한인이 아닌 변호사도 광고하기도 하는데 그런 경우 사무장이 한인이거나 별도의 통역업무를 수행하는 사무직을 직원으로 두고 있다.

그레이스 김 변호사는 한국에서 고등학교 때 하와이로 이민 온 1.5세대이다. 하와이 대학교를 졸업하고 대학원에서 교육학으로 석사학위를 받은 후에 하와이대 로스쿨에 진학하였다. 김 변호사는 하와이 대학교의 모의재판에 심사위원으로 참가하기도 하였으며, 한인회 등에서 주관하는 한국 페스티벌에 적극 참가하고 있다. 최근에는 한국문화회관건립 추진위원장을 맡는 등 교민단체에도 적극 참여하고 있다. 아울러 프로보노 활동으로는 리걸 라인Legal Line이라는 전화로 상담하는 프로그램에 매년 20~30시간씩 참가하고 있다. 김 변호사는 수행 업무의 90% 이상을 이민법으로 하고 있는 이민법 전문변호사이고, 의뢰인의 절반은 한국인이다. 그 외에는 법인설립, 계약서 작성, 합의이혼 등의 분야를 해결해 왔다. 그에게 한국계라는 자부심은 개인적으로 자신을 지탱해줄 뿐만 아니라 문화적 정체성에 대한 강한 의식이 직업적 정체성에도 영향을 미친다. 대부분의 고객이 한국계이고, 그녀는 법률사무소 직원들이 한국계 이민자들을 긍정적이고 존중하는 태도로 대하기를 기대한다. 하지만 그에게도 한인 의뢰인을 상대로 이민법 사무를 보는데 어려움이 없지 않았다.

과거에 한국계 변호사에 대한 고정관념 중 하나는 그들이 로컬 변호사들만큼 능력이 뛰어나지 않다는 것이었어요. 그런 인식은 이제는 사라졌지만 적어도 내가 처음 변호사로 취업했을 때에는 전반적으로 공유되었던 게 아닌가 해요. 특히 의뢰인들이 한국인으로 한정되어 있을 경우에는, 예를 들어 이민법 분야 같은 특별한 분야에만 집중하게 되면 전반적인 문제들에 대해 깊은 지식과 경험을 갖추기 힘들지 않을까 하고 의심하게 되지요. 소수이기는 하지만 본인의 민족을 비하시키는 언행을 하시는 분들이 한인 변호사는 믿을 수 없다고 해서 굳이 다른 민족, 특히 백인 변호사를 찾아가는 경우도 더러는 있는 것 같습니다. 한인들은 한국말 소통이 잘 되는 것이 중요한 업무이기 때문에 이민법이나 법률 계통은 한인들을 찾아가시는 경우가 그래도 많은 것 같습니다(인터뷰 #3).

한국인의 직업적 지위와 자격에 상관없이 비하하는 고정관념과 차별에 시달리는 경우가 많고, 고객에게 자신의 자격을 증명하기 위해 더 열심히 노력해야 한다는 의식도 갖고 있는 경우가 있다. 한국인 의뢰인들은 한국 변호사들을 어떻게 생각하는지를 물어보면, 절대 '안된다'라고 대답하는 것을 받아들이지 않아서 설명하고 또 설명해야 하지만, 대체적으로 변호사를 존중하는 경향이 있다고 말한다. 또한 한국 기업 의뢰인들이 하와이에서 더 편안하게 사업할 수 있다고 생각하는 것도 하와이의 법문화가 대립적이기 보다는 협력적으로 이루어지는 데 있다고 말한다(인터뷰 #36). 때로는 거래 상대편과 곤란한 상황에 처했을 때 하와이 법조계에서는 상대방을 서로 알고 있는 경우가 많기 때문에 완전히 적대적으로 대하지는 않는다는 것이다.

뉴욕이나 워싱턴의 방식보다 덜 형식적이고 덜 공격적이지요. 하와이는 지리적으로 매우 밀집된 작은 지역이기 때문에 다른 변호사들을 다시 만나게 될 거예요. 이번 사건에서는 이쪽의 변호사를 맡았지만 다른 사건에서는 반대쪽을 맡게 될 수도 있지요. 사람들이 당신을 신뢰할 수 있는 평판을 얻는 것이 중요해요. 예를 들자면 기한 연장을 하고자 할 때 전화를 해서 시간 연장이 가능한지 물어볼 수 있는 여유 말이죠. 얼굴을 마주하고 목소리를 들으면 서로를 알기 때문에 연장이 불가능하다고 거절하기가 더 어렵습니다. 그래서 저는 본토 고객들에게 시간 연장을 받을 수 있다고 말합니다. 하지만 비공식적인 것이 때때로 단점이 될 수도 있다고 생각합니다. 하지만 전화할 수 있다는 것은 좋은 일이라고 생각합니다. 어제 내가 맡은 사건 관련해서 전화를 받았는데, 상대방 변호사가 우리가 합의 요구를 보내고 있다고 말했고, 당신이 충격을 받지 않았으면 해서 40만 달러에 말하고 있지만 협상 가능하다는 거예요. 본토에서 그렇게 하는지 모르겠지만 여기 하와이에서는 우리가 그냥 전화하는 것이 매우 흔합니다(인터뷰 #37).

4) 지역사회와의 관계

한인 변호사들은 직업적 책임과 시민으로서의 의무, 그리고 한인 커뮤니티 전반의 시급한 요구로 인해 여러 방향으로 끌려다니는 경우가 많다. 한인 사회와 주류 사회 모두에 전문적으로 참여하는 것의 균형을 맞추는 문제는 많은 한인 변호사들에게 어려운 과제이다. 그들은 시민으로서 참여하는 것이 부담스럽기도 하지만, 때로는 불편하더라도 한국 사회에 환원해야 할 책임이 있다는 데 대부분 동의하고 있다. 법률가로서의 성공을 추구함과 동시에 한국어를 사용하고 한인 커뮤니티에서 도움을 주면서 문화적 뿌리를 유지하려고 노력하고 있다.

한국계 변호사들 간의 네트워킹과 비공식적 멘토십은 차세대한인전문직네트워크NexGen Korean American Network나 하와이주 한인변호사회Korean American Bar Association of Hawaii, KABAH를 위주로 이루어지고 있다. 차세대한인전문직네트워크를 조직한 변호사에 따르면, 한국 변호사들의 시민 활동과 커뮤니티 활동을 통해 전문직을 꿈꾸는 한국계 학생들의 멘토가 되고 그들을 주류사회로 이끄는 가교 역할을 하고자 함이다. 이들에게 나타나는 특징은 판이 얘기한 '도구적 민족성'의 면을 보인다(Pan 2016). 즉 이러한 조직에 참여하는 한인법률가들은 법률 기술을 종족 커뮤니티에 봉사하기 위한 자원으로 전략적으로 사용한다는 것이다. 도구적 민족성은 해당 종족 커뮤니티의 구성원들이 사용하는 언어에 대한 문화적 지식과 숙련도를 특징으로 한다. 도구적 민족성을 지향하는 법률가들은 '문화중개자'로서 각 민족 커뮤니티에 서비스를 제공할 뿐만 아니라 미국 주류 사회와 해당 이민자 그룹 간의 '가교' 역할을 하려 한다.

한국인뿐만 아니라 모든 민족 커뮤니티가 해야 할 중요한 일 중 하나는 자신의 존재를 보여주는 것이라고 생각합니다. 한국 커뮤니티가 잘 활성화되어 있으면 당장은 편하지요. 한국 TV도 있고, 한국 라디오도 있고, 한국 신문도 있고, 한국 시장도 있잖아요. 커뮤니티 내에서 활동할 수 있고 외부 커뮤니티와 크게 교류할 필요가 없습니다. 따라서 단기적으로는 더 쉬울 수 있지만 장기적으로 볼 때 반드시 최선의 방법은 아닙니다. 이곳의 한인 커뮤니티는 상대적으로 작기 때문에 한인 커뮤니티를 바라보는 시선, 권력자들이 우리를 대하는 방식에 지속적인 영향을 미치려면 더 많이 바깥 세계와 참여해야 합니다(인터뷰 #11).

하와이주 한인변호사회는 1998년에 결성되어 주로 2세 변호사들을 중심으로 운영되고 있는데, 회원들은 1.5세대에서 3세대에 걸쳐져 있다. 전체 회원수는 50-60명이지만 활동적인 회원은 20명 정도이며, 그중에는 한국계가 아닌 사람도 있다. 이 중에서 한국어를 능숙하게 구사할 수 있는 회원은 10명이 채 되지 않는다고 한다. 대개 소규모 로펌이나 개업을 한 변호사들이 중심이고 이들의 업무 분야는 이민법, 일반회사법, 가족법 등 다양하다. 현재 KABAH 임원들의 근무지는 대형로펌 2명을 제외한 나머지 10명의 경우 개인사무소나 소형로펌에 근무하고 있다.[6] 출신 대학과 로스쿨은 미국 본토인 경우가 다수 있지만 대개는 하와이에서 태어나거나 어린 시절을 보낸 경우가 많다.

하와이 법조계에는 본토에서 활성화되어 있는 범아시아계 조직이 없다. 전미아시아태평양변호사협회의 하와이 지부NAPABA-Hawii만 있을 뿐이다. 또한 개별 종족 중심의 법률가 단체로는 한인변호사회가 유일하다. 중국계나 일본계 변호사들은 별도의 조직을 만들 필요성이 없었다는 말이다. KABAH를 창립한 초창기 멤버 중에는 캘리포니아의 한인변호사협회에 참여했던 변호사들이 하와이에 돌아와서 참가한 사람들도 있었다.

---

6 Korean American Bar Association of Hawaii Directory 2016.

제가 1988년에 LA에서 한인변호사협회에 가입했는데 그때는 한국계 변호사들이 별로 없었어요. 왜냐하면 70년대, 80년대에 미국에 이민 온 이민자들의 자녀들 중에 변호사가 된 사람들이 많지 않았거든요. 남가주에 한인 변호사가 한 10명 정도 있었던 것으로 기억합니다. 그래서 기본적으로 모임을 갖는 것만으로도 큰일이었기 때문에 커뮤니티 활동이나 그런 것까지 나아가지는 못했어요. 1995년에 하와이로 돌아와 보니 LA에서와 같은 조직은 없었어요. 우스갯소리로 하와이주 변호사 협회Hawaii State Bar Association, HSBA는 하도 일본계가 많아 일본 외국인 변호사 협회라는 거에요. 일본계 변호사 모임이나 중국계 변호사 모임은 하와이에 없어요. 그런 모임을 만들 필요가 없었던 거지요. 한국인과는 다르게 지난 30-40년 동안 일본으로부터의 이민은 많지 않았어요. 하와이에서 한인변호사협회를 결성한 건 1997년쯤인데, 처음에는 한인 변호사들을 규합하는데 어려움이 많았어요. 변호사협회 회원명부를 보면 한국이름을 가진 많은 사람들이 있지만 2세, 3세, 4세들은 솔직히 너무 동화되어 있기 때문에 한국계 단체에 별 관심이 없었기 때문이지요. 그들은 한인 변호사 협회가 한인 및 기타 소수민족의 권리를 보호하고 증진해야 한다고 생각하지 않지요. 그래서 우리는 당시 문대양 대법원장이라는 큰 후원자가 있었는데도 불구하고 회원 모집에 어려움을 겪었습니다(인터뷰 #36).

이들은 한 달에 한 번씩 정기적으로 회합하여 친목을 도모하고 현안에 대한 논의를 주로 하고 있다. 초대 회장을 지낸 한 변호사의 회고에 따르면, "한국계 변호사들이 종종 불독과 같이 물불 가리지 않고 전투적이라는 고정관념이 있는데, 서로에 대해서 사적으로 잘

사진 6.2 KABAH 20주년 행사에서의 문대양 전 대법원장과 회장단

알게 되면 관계가 형성되니 나중에 사건을 해결하는데 있어서도 훨씬 원만하게 진행할 수 있도록" 서로가 만날 수 있는 장을 마련하고자 했던 것이 주된 원인 중 하나였다고 한다(인터뷰 #11).

아주 아주 투쟁적이지요. 한국인의 기질은 불같이 열정적이라는 평판이 널리 알려져 있지요. 그러한 성격이 법률가한테도 마찬가지로 적용되는 것 같아요. 그래서 뭘하든 잘하려고 노력하는 게 아닐까요? 그래서 나는 한국인 커뮤니티를 자랑스럽게 생각하고 하와이에서 한국인들이 잘 해왔다고 봅니다. 그런 성실하고 성공적인 한국인으로서의 전통을 계속 유지해 나가기를 바랍니다(인터뷰 #18).

5년 전부터 KABAH는 서울변호사회와 자매결연을 맺고 상호교류를 하기 시작했다. 서로 간에 방문을 한 차례씩 했으며 한국방문시 대법원, 검찰청, 헌법재판소 등 주요 사법기관들을 둘러보았다.

하와이의 법률시장이 작고 한국을 비롯한 아시아 지역에서 아직 큰 규모로 하와이에 투자가 이루어지지 않았기 때문에 인바운드 혹은 아웃바운드 법률자문이 성행하고 있지는 않다. 전 세계 한인변호사들의 모임인 세계한인변호사협회International Association of Korean Lawyers, IAKL에는 협회 차원에서 참가하는 것이 아니라 개인 차원에서 참가하며, 하와이주 한인 변호사 중에서도 활발한 활동을 하는 사람이 있다.

한인변호사회는 신문의 한 면에 여러 가지 법적 이슈들, 부동산 임대차, 채권추심, 이민 등 교민생활에 밀접한 법적 문제들에 대해 정기적으로 기고하는 형식으로 교민사회에 기여하고 있다. 또한 한인상공회의소와 공동으로 한국 페스티벌을 주관하고 있으며, 한인교회에서 주최한 각종 행사, 골프 등 스포츠 행사에 참가해 무료법률서비스를 해주는 방식으로 정기적으로 교민사회를 지원하고 있다. 매년 두차례씩 한인사회에 법률봉사활동을 하는데, 한국 페스티벌에 나가 "법률의 주간" 행사로 테이블을 차려 법률상담을 한다. 그러나 이러한 봉사 차원의 법률서비스pro bono를 통해 개별 사안에 대한 정확한 법적 자문을 하는 데에는 그에 대한 책임의 문제가 수반되어야 하는 한계가 있기 때문에, 특정 주제에 대한 포괄적 지식을 전달하는 세미나의 형태가 선호되고 있다. 그 외에도 한인변호사회는 장학금을 지원하고(한국인 혈통 50% 수혜자격), 한국교민들의 정치참여를 독려하기 위해 투표등록, 배심원 참여 홍보 등을 하고 있다.

하와이의 한인변호사회를 움직이는 주축은 한인 1.5세와 2세들로서 일부는 한인회에서도 활발히 활동하고 있다. 이민 3세 내지 4세들의 경우 한인변호사의 존재는 알고 있지만 한인변호사회보다는 주변호사회나 공직위원회를 통해 경력을 쌓아가고 있다. 세대 간에 한인정체성을 인식하는 강도의 차이는 있을지언정 법조직역 내에서 한인의 소수성이나 차별의식을 특별히 느끼는 것 같지는 않는 것으로 보인다.

제7장

나가며

미국에서 법조직역은 정치, 경제, 사법행정, 언론 등 주류사회를 움직이는 핵심 전문직으로 인정되고 있다. 법률가가 된다는 것은 미국사회를 움직이는 엘리트 집단의 일원이 되는 것으로, 그동안 인종적 소수자와 이민자들의 사회경제적 지위와 권익을 신장하기 위해 법조직역의 인종적, 민족적 구성이 다양해져 왔다. 법은 모든 사람에게 동일하게 적용되고 법의 이념과 원칙은 '피부색을 불문한 color-blind' 보편적 기준이기 때문에 가치중립성과 공평무사성이 법률가로서의 중요한 자질과 덕성으로 인식되어 왔다. 따라서 법률가로서의 정체성 형성에 인종, 종족, 종교 등의 요소는 개입되지 않고 개입되어서는 안되는 것으로 간주되었다. 그러나 법조직역의 문호가 모든 사람에게 공평하게 열려있고, 법률가 집단 내부의 지배적 이데올로기와 직업적 윤리가 소수자 출신 법률가에 대해 비차별적일 것이라는 생각은 실제와는 매우 다르다.

　　법률가적 사고와 지식을 습득하고 훈련하는 교육과정 속에서, 그리고 실제 법률시장에서 실무를 익히고 행사하는 과정에서 직업정체성 이외의 인종적, 종족적 정체성은 매우 유의미하게 관련된다.

법학교육기관 내의 사회화 과정에서 백인 중심의 주류적 시각과 이데올로기는 교수방법, 커리큘럼, 동료와의 상호작용 등의 맥락에서 강화되고 재생산된다. 소수자적 시각과 정체성은 때로는 경시되고, 은폐되고, 바람직하지 않은 것으로 간주되기도 한다. 법률가로서의 훈련을 모두 마치고 변호사 사무실의 일원으로 업무를 수행할 때에도 인종적, 민족적 정체성은 경력 발전에 영향을 미친다. 로펌문화의 지배적 업무형태인 기업 자문 법무는 고강도의 노동과 상호경쟁적인 환경, 그리고 끈끈한 멘토십과 사건수임을 위한 외부 네트워크를 요구한다. 이러한 요소를 갖추지 못한 소수자 출신 법률가들은 주류 법조 집단과는 다른 공간(예컨대 공익, 정부, 이민 분야)에 종사하는 대안적 전략을 선택하기도 한다.

최근 법학 교육과 법률실무에서 급속히 진행되고 있는 세계화의 추세는 법률가의 직업 정체성과 인종 및 종족 정체성 간의 역동적인 관계를 살펴보는데 유의미한 단서를 제공해준다. 원래 법실무는 매우 지역적 상관성이 높아 지역 언어의 사용과 사회적 기반이 필수적인데, 상품과 자본, 인력의 국제적 이동이 증대되면서 국제상거래의 표준이 된 미국법이 준거법으로 채택되고, 미국법에 정통한 변호사들이 전세계적으로 활동의 범위를 넓히고 있다. 의뢰인의 국적이 다양화되면서 현지 언어, 법문화에 대한 이해가 필요하게 됨으로써 미국의 법학교육에 있어서도 국제적 요소가 중시되게 되었다. 또한 지배적인 미국법을 배우고자 하는 외국 변호사들의 수요가 급증하여 법학교육 현장에서 인종적, 민족적 다양성이 증대되기 시작하였다. 로펌들은 국제적 경쟁력을 확보하기 위해 다국적 로펌 간의 인수합병을 하게 되면서 다양한 배경의 변호사를 확보하고 이질적 로펌문화를 조화시키는 과제를 안게 되었다. 이제 점차 법률가의 인종적, 민족적 정체성은 법조 시장에서 활용 가능한 하나의 가치 있는 자원이 되고 있다.

하와이로의 한인 이민이 시작된 지는 120년을 넘어섰지만 법조계와 같은 주류사회의 전문직으로 진출하기 시작한 것은 20세기 중반이 지나서이다. 하와이의 왕조가 붕괴되고 미국의 영토로 합병되는 과정에서 중심적인 역할을 하였던 백인 법률가와는 달리 이민을 제한하는 법률과 시민권이 없이는 변호사 개업을 금지한 규정 때문에 아시아계 법률가가 성장할 수 없었기 때문이다. 큰 규모의 오랜 역사를 지닌 주류로펌들은 백인 선교사와 농장주, 기업가의 후손으로 미국 본토의 명문 로스쿨을 졸업한 하와이 토박이 백인 법률가들에 의해 설립되어 현재까지 지대한 영향력을 행사하고 있다.

초창기 한국계 법률가들은 대개 플랜테이션 노동자의 후손인 이민2세 혹은 이민3세로서 대부분 검찰이나 정부변호사 등 공직에서 활동하다가 판사에 임용된 경우가 많았다. 사적 부문에서 로펌을 창설하거나 대표변호사 혹은 시니어 파트너로 성공한 경우는 거의 없었다. 그러나 1965년 이민법 개정으로 새로운 이민자들의 유입으로 교민사회의 모습도 변모하고 구이민자와 신이민자의 커뮤니티가 구분되기 시작하였다. 하와이 한인사회에 대한 외부의 인식이 변화하고, 교민사회의 내적인 분화가 이루어져 이에 따라 법률서비스의 수요가 다양화되었다. 아울러 한인 법조계의 직역구조도 변화되어 대다수의 법률가들이 개업하거나 소형 로펌에서 활동하고 있다. 특히 하와이대 로스쿨이 개원하면서 로컬 출신의 변호사들이 대거 하와이 법조시장에 진출하면서 경력지향성, 활동범위, 교민사회와의 관계 등에 있어 과거와는 다른 역동적인 모습이 진행되고 있다.

본서는 한국이민이 처음 시작된 하와이에서 성장한 한인 법조직역에 대한 기술을 하였다. 미국 본토와 비교할 때 역사적, 인종적, 문화적 특성이 뚜렷한 하와이의 지역적 특수성을 고려할 때 하와이의 법률직역 구조와 법률가로서의 사회화 과정, 그리고 직업적 삶의 모습 등이 상이하게 나타나는 측면들이 다수 발견된다. 하와이의 법조직역에 대한 현황제시와 면담을 통한 한인 법률가들의 생각을 기술하려 하였으나 이민1세부터 4세까지 다양하게 걸쳐있는 그들의 삶을 충분히 제시하지 못한 아쉬움이 있다. 한인 법조계에 관한(넓게는 소수민족 법조계) 연구사례가 거의 없어 하와이의 사례와의 비교를 통해 일반화하는 작업이 이루어지지 못한 것도 한계이다. 아쉽지만 본서는 한인사회 내의 한 전문직을 다루었다는 점에서 차세대 한인사회의 다양성을 보여주는데 기여했다는 점에서 의의를 찾고자 한다.

참고
문헌

강건영, 2002, 『하와이, 멕시코, 남미로의 한인 이민』 도서출판 선인.

김재원, 2007, 『미국의 법학교육과 변호사 윤리』, 도서출판 정법.

김현희, 2014, 「인종·종족적 이민자의 내부저 생산과 유통에 대한 연구: 뉴욕 한인사회의 법률 서비스 시장을 중심으로」, 『비교문화연구』 20(1): 43-86.

김현희, 2016, 「미국 시민권으로의 길: 뉴욕 한인 변호사의 무료법률서비스」, 『한국문화인류학』 49(1): 109-164.

로버타 장·웨인 패터슨(이주영 옮김), 2008, 『하와이의 한인들: 사진으로 보는 미주 한인 이민사, 1903-2003』 눈빛.

안종철, 2013, "하와이원주민 문제의 역사적 쟁점과 미 연방대법원의 관련 판결분석", 법사학연구 48: 275-305.

연효진, 2019, 강영승의 재미민족운동, 서강대학교 석사학위논문.

웨인 패터슨(정대화 옮김), 2002, 『아메리카로 가는 길, 한인 하와이 이민사, 1896~1910』 들녘.

이경원·김익창·김그레이스(장태한 옮김), 2018, 『외로운 여정: 육성으로 듣는 미주 한인 초기 이민사, 하와이에서 유카탄, 쿠바까지』 고려대학교 출판문화원.

이덕희, 2003, 『하와이 이민 100년: 그들은 어떻게 살았나?』, 중앙M&B.

이덕희, 2013, 『하와이 대한인국민회 100년사』, 연세대학교 대학출판문화원.

이덕희, 2015, 『이승만의 하와이 30년』, 북앤피플.

이선주·로버타 장, 2014, 『하와이 한인사회의 성장사, 1903~1940』 이화여자 대학교출판부.

이재협, 2007, 「법의 세계화와 로펌의 성장」, 『외법논집』 27: 573-614.

이재협, 2008, 「미국의 법학교육: 과거, 현재, 그리고 미래」, 『미국학』 31(2): 117-140.

전병재·안계춘·박종연, 1995, 『한국사회의 전문직업성 연구』, 사회비평사.

하우아니 카이 트라스크(이일규 역), 2017, 『하와이 원주민의 딸』, 서해문집.

Abel, Richard L., 1989, *American Lawyers*, New York: Oxford University Press.

Auerbach, Jerod S., 1976, *Unequal Justice*, New York: Oxford University Press.

Borjas, George J., 1992, "Ethnic Capital and Intergenerational Mobility," The Quarterly Journal of Economics 107(1): 123-150.

Carlin, Jerome, 1962, *Lawyers on Their Own: The Solo Practitioner in an Urban Setting*, New Brunswick: Rutgers University Press.

Case, James H., 2017, *Hawaii Lawyer: Lessons in Law and Life from a Six Decade Career*, North Charleston: CreateSpace Independent Publishing Platform.

Chavez, Maria, 2011, *Everyday Injustice: Latino Professionals and Racism*, Lanham: Rowman & Littlefield.

Chung, Eric, Samuel Dong, Xionan April Hu, Christine Kwon and Goodwin Liu, 2017, *A Portrait of Asian Americans in the Law*, Yale Law School, National Asian Pacific American Bar Association.

Clydesdale, Timothy, 2004, "A Forked River Runs Through Law School: Toward Understanding Race, Gender, Age and Related Gaps in Law School Performance and Bar Passage," Law and Social Inquiry 29: 711-770.

Conley, John. 2004, "How Bad is it Out There?: Teaching and Learning About the Legal Profession," North Carolina Law Review 82: 1943-2016.

Costello, Carrie Yang, *Professional Identity Crisis: Race, Class, Gender, and Success at Professional Schools*, Nashville: Vanderbilt University Press, 2005.

Danico, Mary Yu, 2004, *The 1.5 Generation: Becoming Korean American in Hawaii*, Honolulu: University of Hawaii Press.

Dezalay, Yves and Bryant Garth, 1995, "Merchants of Law as Moral Entrepreneurs Constructing International Justice from the Competition for Transnational Business Disputes," Law and Society Review 29(1): 27-64.

Dhingra, Pawan, 2007, *Managing Multicultural Lives: Asian American Professionals and the Challenge of Multiple Identities*, Stanford: Stanford University Press.

Dinovitzer, Ronit, 2006, "Social Capital and Constraints on Legal Careers," Law & Society Review 40(2): 445-480.

Dinovitzer, Ronit, 2011, "The Financial Rewards of Elite Status in the Legal Profession," Law & Social Inquiry 36(4): 971-998.

Erlanger, Howard S. and Douglas A. Klegon, 1978, "Socialization Effects of Professional School: The Law School Experience and Student Orientations to Public Interest Concerns," Law & Society Review 13(1): 11-35.

Erlanger, Howard S., Charles R. Epp, Mia Cahill, and Kathleen M. Haines, 1996, "Law Student Idealism and Job Choice: Some New Data on an Old Question," Law & Society 30: 851-864.

Fojas, Camilla (eds.), 2018, *Beyond Ethnicity: New Politics of Race in Hawaii*, Honolulu: University of Hawaii Press.

Friedman, Lawrence, 2005, *A History of American Law*, 3rd ed., New York: Touchstone.

Fujikane, Candace and Jonathan Y. Okamura, 2008, *Asian Settler Colonialism: From Local Governance to the Habits of Everyday Life in Hawaii*, Honolulu: University of Hawaii Press.

Galanter, Marc and Thomas Palay, 1991, *Tournament of Lawyers: The Transformation of the Big Law Form*, Chicago: University of Chicago Press.

Granfied, Richard P., 1992, *Making Elite Lawyers: Visions of Law at Harvard and Beyond*, New York: Routledge.

Heinz, John and Edward Laumann, 1983, *Chicago Lawyers: The Social Structure of the Bar*, Chicago: University of Chicago Press.

Heinz, John, Robert L. Nelson, Rebecca L. Sandefur, and Edward O. Laumann,

2005, *Urban Lawyers: The New Social Structure of the Bar*, Chicago: University of Chicago Press.

Ho, Karen, 2009, *Liquidated: An Ethnography of Wall Street*, Durham: Duke University Press.

Holiday, Terrence and Bruce G. Carruthers, 2007, "The recursivity of law: Global norm making and national lawmaking in the globalization of corporate insolvency regimes," American Journal of Sociology 112(4): 1135-1202.

Howes, Craig and Jonathan K. K. Osorio (eds.), 2010, *The Value of Hawaii: Knowing the Past, Shaping the Future*, Honolulu: University of Hawaii Press.

Kang, Jerry, 2005, "Trojan Horses of Race," Harvard Law Review 118: 1489-1593.

Kay, Fiona M. and Jean E. Wallace, 2009, "Mentors as Social Capital: Gender, Mentors, and Career Rewards in Law Practice," Sociological Inquiry 79(4): 418-452.

Kibria, Nazli, 2002, *Becoming Asian American: Second-Generation Chinese and Korean American Identities*, Baltimore: Johns Hopkins University Press.

Kidder, William, 2004, "The Bar Examination and the Dream Deferred: A Critical Analysis of the MBE, Social Closure, and Racial and Ethnic Stratification," Law and Social Inquiry 29(3): 547-589.

Kornhouser, Lewis A. and Richard L. Revesz, 1995, "Legal Education and Entry into the Legal Profession: The Rold of Race, Gender, and Educational Debt," New York University Law Review 70(2): 829-964.

Kwon, Brenda, 1999, *Beyond Keeaumoku: Koreans, Nationalism, and Local Culture in Hawaii*, New York: Garland Publishing.

Levin, Leslie C., 2011, "Specialty Bars as a Site of Professionalism: The Immigration Bar Example," University of St. Thomas Law Journal 8(2): 194-224.

Levinson, Justin D., Mark W. Bennett, and Koichi Hioki, 2017, "Judging

Implicit Bias: A National Empirical Study of Judicial Stereotypes," Florida Law Review 69: 1-51.

Liu, Sida, 2013, "The Legal Profession as a Social Process: A Theory on Lawyers and Globalization," Law & Social Inquiry 38(3): 670-693.

Liu, Sida, Lily Liang, and Ethan Michelson, 2014, "Migration and Social Structure: The Spatial Mobility of Chinese Lawyers," Law and Policy 36(2): 165-194.

Macdonald, Keith M., 1995, *The Sociology of the Professions*, London: Sage Publications.

MacKenzie, Molody K., 2011, Ka Lama Ku O Ka Noeau: The Standing Torch of Wisdom, *University of Hawaii Law Review* 33: 3-15.

Massey, Douglas, et. al., 1998, *Worlds in Motion: Understanding International Migration at the End of the Millennium*, Oxford: Oxford University Press.

Matsuda, Mari J. (ed.), 1992, *Called From Within: Early Women Lawyers of Hawaii*, Honolulu: University of Hawaii Press.

Merry, Sally Engle, 2000, *Colonizing Hawaii: The Cultural Power of Law*, Princeton: Princeton University Press.

Mertz, Elizabeth, 2007, *The Language of Law School: Learning to "Think Like a Lawyer"*, Oxford: Oxford University Press.

Michelson, Ethan, 2015, "Immigrant Lawyers and the Changing Face of the U.S. Legal Profession," Indiana Journal of Global Legal Studies 22(1): 105-111.

Min, Pyong Gap and Rose Kim, 2000, "Formation of Ethnic and Racial Identities: Narratives by Young Asian-American Professionals," Ethnic and Racial Studies 23(4): 735-760.

Mollway, Susan Oki, 2021, *The First Fifteen: How Asian American Women Became Federal Judges*, New Brunswick: Rutgers University Press.

Moore, Wendy Leo, 2008, *Reproducing Racism: White Space, Elite Law Schools and Racial Inequality*, Plymouth: Rowman and Littlefield.

Nader, Laura, 1969, "Up the Anthropologist: Perspectives Gained from 'Studying Up'" In *Reinventing Anthropology*, D. Hymes (ed.), New York: Random House.

Nance, Jason P. and Paul E. Madsen, 2014, "An Empirical Analysis of Diversity in the Legal Profession," Connecticut Law Review 47: 271-320.

Nelson, 2010,

Ogawa, Dennis M., 2007, *First Among Nisei: The Life and Writings of Masaji Marumoto*, Honolulu: University of Hawaii Press.

Oh, Carolyn Jin-Myung, 1992, "Questioning the Cultural and Gender-Based Assumptions of the Adversary System: Voices of Asian-American Law Students," Berkeley Women's Law Journal 7: 125-180.

Okamura, Jonathan Y., 2008, *Ethnicity and Inequality in Hawaii*, Philadelphia: Temple University Press.

Okihiro, Gary Y., 1991, *Cane Fires: The Anti-Japanese Movement in Hawaii, 1865-1945*, Philadelphia: Temple University Press.

Pan, Yung-Yi Diana, 2016, *Incidental Racialization: Perfomative Assimilation in Law School*, Philadelphia: Temple University Press.

Payne-Pikus, Monique R., John Hagan, and Robert Nelson, 2010, "Experiencing Discrimination: Race and Retention in America's Largest Law Firms," Law & Society Review 44: 553-584.

Pearce, Russell G., 2005, "White Lawyering: Rethinking Race, Lawyer Identity, and Rule of Law," Fordham Law Review 73(5): 2081-2099.

Pierce, Jeniffer, 1996, *Gender Trials: Emotional Lives in Contemporary Law Firms*, Berkeley: University of California Press.

Reynoso, Cruz, 2005, "A Survey of Latino Lawyers in Los Angeles County: Their Professional Lives and Opinions," University of California Davis Law Review 38: 1563-1642.

Rhode, Deborah L., 2015, "Law is the Least Diverse Profession in the Nation. And Lawyers aren't Doing Enough to Change That," Washington Post, March 27.

Robel, Lauren K., 2006, "Opening Our Classrooms Effectively to Foreign Graduate Students," Penn State International Law Review 24(4): 797-800.

Sander, Richard H., 2006, "The Racial Paradox of the Corporate Law Firm," North Carolina Law Review 84: 1755-1822.

Sander, Richard and Jane Bambauer, 2012, "The Secret of My Success: How Status, Eliteness, and School Performance Shape Legal Careers," Journal of Empirical Legal Studies 9(4): 893-930.

Sander, Richard and Stuart Taylor, 2012, *Mismatch: How Affirmative Action Hurts Students It's Intended to Help, and Why Universities Won't Admit It*, New York: Basic Books.

Shin, Eui Hang and Kyung-Sup Chang, 1988, "Peripherization of Immigrant Professionals: Physicians in the United States," International Migration Review 22(4): 609-626.

Silver, Carole, Jae-Hyup Lee, and Jeeyoon Park, 2015, "What Firms Want: Investigating Globalization's Influence on the Market for Lawyers in Korea," Columbia Journal of Asian Law 27(1): ??-??.

Silver, Carole and Swethaa S. Ballakrishnen, 2018, "Sticky Floors, Springboards, Stairways & Slow Escalators: Mobility Pathways and Preerences of International Students in U.S. Law Schools," UC Irvine Journal of International, Transnational, and Comparative Law 3: 39-70.

Smigel, E. O., 1964, *The Wall Street Lawyer, Professional Organization Man?*, New York: Free Press of Glencoe.

Soifer, Aviam, 2011, "A Moon Court Overview: Rent for Space on Earth," *University of Hawaii Law Review* 33: 441-445.

Sommerland, Hilary, 2007, "Researching and Theorizing the Processes of Professional Identity Formation," Journal of Law and Society 34(2): 190-217.

Stover, Robert V., 1989, "Making It and Breaking It: The Fate of Public Interest Commitment during Law School," in Howard S. Erlanger (ed.),

Urbana: University of Illinois Press.

Sutton, John, 2001, *Law/Society: Origin, Interactions and Change*, Thousand Oaks: Pine Forge Press.

Thornton, Margaret, 2016, "Work/Life or Work/Work? Corporate Legal Practice in the Twenty-First Century," International Journal of the Legal Profession 23(1): 13-39.

Tochiki, Laurie Arial, 2015, The Ulu Lehua Program at the William S. Richardson School of Law: Policy Context and Lived Experience, A Phenomenological Case Study, Ph.D. Dissertation, University of Hawaii.

Tomlinson, Jeniffer, Daniel Muzio, Hilary Sommerlad, Lisa Webley, and Liz Duff, 2013, "Structure, agency and career strategies of white women and black and minority ethnic individuals in the legal profession," Human Relations 66(2): 245-269.

Trubek, David, Yves Dezalay, Ruth Buchanan, and John R. Davis, 1994, "Global Restructuring and the Law: Studies of the Internationalization of Legal Fields and the Creation of Transnational Arenas", Case Western Reserve Law Review 44(2): 407-498.

Van Dyke, Jon, 2007, *Who Owns the Crown Lands of Hawaii?*, Honolulu: University of Hawaii Press.

Wald, Eli, 2007, "The Rise and Fall of the WASP and Jewish Law Firms," Stanford Law Review 60(6): 1803-1866.

Wald, Eli, 2015, "Big Law Identity Capital: Pink and Blue, Black and White," Fordham Law Review 83: 2509-2555.

Wilkins, David, 1998, "Fragmenting Professionalism: Racial Identity and the Ideology of Bleached Out Lawyering," International Journal of the Legal Profession 5: 141-173.

Wilkins, David and G. Mitu Gulati, 1996, "Why Are There So Few Black Lawyers in Corporate Law Firms-An Institutional Analysis," California Law Review 84(3): 493-625.

Woodson, Kevin, 2016, "Human Capital Discrimination: Law Firm Inequality, and the Limits of Title VII," Cardozo Law Review 38: 183-229.

Woolcock, Michael, 1998, "Social Capital and Economic Development: Toward a Theoretical Synthesis and Policy Framework," Theory and Society 27(2): 151-208.

Yamamoto, Eric, 1973, "The Significance of Local," Social Process in Hawaii 27: 101-115.

자료

American Bar Association, ABA National Lawyer Population Survey: Historical Trend in Total National Lawyer Population, 1878-2019.

The American Bar Foundation and the NALP Foundation for Law Career Research and Education, After the JD II: Second Results from a National Study of Legal Careers, 2009 ('AJD II').

The American Bar Foundation and the NALP Foundation for Law Career Research and Education, After the JD III: Third Results from a National Study of Legal Careers, 2014 ('AJD III').

The NALP Foundation for Law Career Research and Education and the American Bar Foundation, After the JD: First Results of a National Study of Legal Careers, 2004 ('AJD I').

인터뷰 목록

번호	이름	세대	직업	번호	이름	세대	직업
1	Clara Lee	2	변호사	21	Mary Kim	2	로스쿨생
2	Elema Lim	2	변호사	22	Cindy Tam	2	로스쿨생
3	Grace Kim	1	변호사	23	Elizabeth Brown	2	로스쿨생
4	Sang Lee	1	사업가	24	Elise Butler		로스쿨생
5	David Kim	2	변호사	25	Elena Lee	2	로스쿨생
6	Chris Park	1.5	변호사	26	Jennifer Kim	2	로스쿨생
7	Elena Won	1	학자	27	Elina Moreno	2	변호사
8	Rchard Lee	2	변호사	28	Kathy Heo	3	판사
9	Spencer Kim	1.5	변호사	29	Debbie Huang	3	변호사
10	Michele Kim	3	변호사	30	Jong Jeong	1	변호사
11	William Kim	1.5	변호사	31	Elise Hwang	1.5	정치가
12	Brenda Yuh	3	변호사	32	Dean Lim	3	변호사
13	Michael Lee	2	사업가	33	Daniel Cho	1.5	변호사
14	John Kil	2	로스쿨생	34	Jeffrey Sung	3	교수
15	Sue Song	2	로스쿨생	35	James Kim	1.5	변호사
16	George Nam	2	로스쿨생	36	Corey Choo	1.5	변호사
17	Nam Kim	3	변호사	37	Christopher Kimura	3	변호사
18	Gary Chang	2	판사	38	Luther Yim	2	변호사
19	Hee Sun	1	교수	39	Eddie Kim	2	정치가
20	Yong Chun	1	교수				

지은이 소개

이재협

서울대학교 인류학과를 졸업하고 미국 펜실베이니아대학교에서 미국학 박사학위, 미국 노스웨스턴대학교에서 법학 박사학위(J.D.)를 받았다. 현재 서울대학교 법학전문대학원 교수이다. 주요 저서로 *Dynamics of Ethnic Identity: Three Asian American Communities in Philadelphia*, 『대한민국의 법률가: 변화하는 법조에 관한 경험적 탐구』(편저) 등이 있다.

하와이 한인 법률가의
정체성과 다양성

2023. 5. 20. 1판 1쇄 인쇄
2023. 5. 31. 1판 1쇄 발행

지은이 이재협
발행인 김미화 **발행처** 인터북스
주소 경기도 고양시 덕양구 통일로 140 삼송테크노밸리 A동 B224
전화 02.356.9903 **이메일** interbooks@naver.com **출판등록** 제2008-000040호
ISBN 979-11-981749-3-2 93300 **값** 17,000원